Kodzo Amenu Hamenou

Projet de développement et participation des populations locales

Kodzo Amenu Hamenou

Projet de développement et participation des populations locales

Éditions universitaires européennes

Impressum / Mentions légales

Bibliografische Information der Deutschen Nationalbibliothek: Die Deutsche Nationalbibliothek verzeichnet diese Publikation in der Deutschen Nationalbibliografie; detaillierte bibliografische Daten sind im Internet über http://dnb.d-nb.de abrufbar.

Alle in diesem Buch genannten Marken und Produktnamen unterliegen warenzeichen-, marken- oder patentrechtlichem Schutz bzw. sind Warenzeichen oder eingetragene Warenzeichen der jeweiligen Inhaber. Die Wiedergabe von Marken, Produktnamen, Gebrauchsnamen, Handelsnamen, Warenbezeichnungen u.s.w. in diesem Werk berechtigt auch ohne besondere Kennzeichnung nicht zu der Annahme, dass solche Namen im Sinne der Warenzeichen- und Markenschutzgesetzgebung als frei zu betrachten wären und daher von jedermann benutzt werden dürften.

Information bibliographique publiée par la Deutsche Nationalbibliothek: La Deutsche Nationalbibliothek inscrit cette publication à la Deutsche Nationalbibliografie; des données bibliographiques détaillées sont disponibles sur internet à l'adresse http://dnb.d-nb.de.

Toutes marques et noms de produits mentionnés dans ce livre demeurent sous la protection des marques, des marques déposées et des brevets, et sont des marques ou des marques déposées de leurs détenteurs respectifs. L'utilisation des marques, noms de produits, noms communs, noms commerciaux, descriptions de produits, etc, même sans qu'ils soient mentionnés de façon particulière dans ce livre ne signifie en aucune façon que ces noms peuvent être utilisés sans restriction à l'égard de la législation pour la protection des marques et des marques déposées et pourraient donc être utilisés par quiconque.

Coverbild / Photo de couverture: www.ingimage.com

Verlag / Editeur:
Éditions universitaires européennes
ist ein Imprint der / est une marque déposée de
OmniScriptum GmbH & Co. KG
Heinrich-Böcking-Str. 6-8, 66121 Saarbrücken, Deutschland / Allemagne
Email: info@editions-ue.com

Herstellung: siehe letzte Seite /
Impression: voir la dernière page
ISBN: 978-3-8416-6460-0

REFLEXION

« Ce que vous faites pour moi mais sans moi,
vous le faites contre moi ».

MENHATMA GHANDI

DEDICACE

Je dédie ce travail

A mes enfants et à ma femme qui suscitent en moi l'envie de me battre.

A mon père **DUME** Komivi pour avoir fait de moi ce que je suis aujourd'hui.

A ma mère **DEGBE** Afua Apefa pour ses encouragements et son réconfort moral et matériel,

REMERCIEMENTS

Mes remerciements vont à l'endroit de :

- Dieu Tout Puissant, le Père pour toutes les grâces dont il m'a comblé.

- Docteur Dénis GOH, pour avoir bien voulu diriger ce mémoire malgré son emploi du temps très chargé.

- Messieurs les membres du jury pour avoir bien voulu juger et apprécier le présent travail.

- Madame Amina Kodjovi-Noumado, Directrice Nationale SOS Village d'Enfants Togo, pour avoir accepté que notre Mémoire porte sur son Institution.

- Monsieur TOEPPEN Komlan, Directeur du Village d'Enfants Lomé à qui nous adressons notre reconnaissance pour sa contribution à la réalisation de ce travail.

- Monsieur Richard BASSALBIA, pour m'avoir encouragé à faire cette étude,

- Mme AWOUTE Essi, pour sa franche collaboration et sa disponibilité,

- Madame et Monsieur KPEHOR, pour toute leur assistance financière et morale

- Docteur KOFFI Edem, pour son assistance financière et son soutien moral

- Tout le personnel d'encadrement du Village d'Enfants SOS Lomé pour leur disponibilité.

- Mes frères et sœurs pour leur assistance permanente et leurs conseils.

- Mesdames AGBETI Paulette et Pierrette pour leur assistance morale et matérielle.

- Tous mes amis Roger GUMEDZOE, Dominique EGAH, pour m'avoir encourager dans ce travail.

- Tous mes camarades de la promotion 2009-2010

- Tous ceux qui, de près ou de loin, ont contribué à la réalisation de ce travail.

LISTE DES ABREVIATIONS

SOS VE	:	SOS Village d'Enfants
VESOS	:	Village d'Enfants SOS
PRF	:	Programme de Renforcement de la Famille
ACP	:	Agent de Promotion Communautaire
CDQ	:	Comité de Développement du Quartier
ONG	:	Organisation Non Gouvernementale
CAD	:	Comité d'Aide au Développement
OCDE	:	Organisation de Coopération et de Développement Economique
OBC	:	Organisation à Base Communautaire
DP	:	Diagnostic Participatif
DO	:	Diagnostic Organisationnel
AGR	:	Activités Génératrices de Revenus
CPM	:	Connaissance Participative du Milieu
PDC	:	Programme de Développement Communautaire
ADC	:	Approche de Développement Communautaire
OEV	:	Orphelins et Enfants Vulnérables
DE	:	Droit des Enfants
ONU	:	Organisation des Nations Unies

INDEX DES TABLEAUX

INDEX DES GRAPHIQUES

TABLE DES MATIERES

I- INTRODUCTION

En vue de réduire la pauvreté et d'assurer le bien-être de leurs populations, les peuples africains, après les indépendances des années 60, se sont engagés ouvertement dans la bataille du développement politique, économique, sociale et culturelle avec l'appui non négligé des occidentaux.

Cependant, on constate que les nombreux projets de développement initiés depuis plus de quarante ans n'ont pas donné les résultats escomptés. Des évaluations récentes comme celles du Comité d'Aide au Développement (CAD), de l'Organisation de Coopération et de Développement Economique (OCDE) à la fin des années 80 indiquaient qu'une part importante des projets de développement aboutissait à des résultats médiocres (CE, 2001).

La Banque Mondiale ajoutait que la moitié des projets de développement rural qu'elle a financés en Afrique, se sont soldés par un échec pur et simple : «En effet, ZANA (2003) affirme que les projets réalisés sans les personnes concernées sont perçus comme des vaches à lait des bailleurs de fond justes bonnes à la traite ».

Selon la socio-économiste Wilhemina Quaye, les tentatives d'introduction de la biotechnologie en Afrique doivent prendre en compte les besoins et les valeurs des populations locales.

Pour l'auteur, divers facteurs expliquent l'échec des projets ; au nombre de ces facteurs, on peut citer la non-appropriation du projet, la réticence face à la transparence, l'absence de planification de la gestion des changements, l'absence d'un agent de changement, le manque d'engagement des employés, la mauvaise communication des besoins, et aussi l'élaboration des stratégies de développement introduites par des spécialistes qui ne se sont pas nécessairement informés des aspirations profondes des milieux d'intervention.

Pour ce qui est de la non-participation des populations locales, des raisons ont été avancées parmi lesquelles il y a, d'une part, la méconnaissance des réalités socioculturelles et économiques, la non prise en compte des besoins exprimés par les bénéficiaires et d'autre part, la non motivation de ces communautés locales dans les actions de leur propre développement, la non appropriation des microréalisations par les populations.

1

Cette situation conduira un grand nombre d'organisations et institutions internationales même les plus conservatrices comme la Banque Mondiale et le Fonds Monétaire International, qui se tenait à l'écart des discussions avec les Etats et les Organisations Non Gouvernementales (ONG) locales, à faire maintenant marche arrière.

Elles ont compris qu'aucune initiative en faveur des populations ne pourra donner des résultats satisfaisants sans la participation effective des bénéficiaires.

Aussi vont-elles coopérer avec ces ONG et autres associations dans la lutte pour la réduction de la pauvreté.

C'est ainsi que la participation des populations locales aux projets de développement fait de plus en plus l'objet de recommandations des séminaires, des colloques, et célébrées dans des discours officiels des politiques.

A partir de ce moment naîtront, plusieurs types de développement dits « participatif », « auto-promotion » ou encore « développement local » qui confèrent aux populations bénéficiaires la responsabilité de réaliser des changements qu'elles désirent à partir des réalités qu'elles vivent.

L'idée de développement participatif représente une force essentielle pour animer la croissance nationale. Ce modèle participatif du développement se doit de conférer une image de respectabilité aux populations locales qui sont tenues de contribuer réellement à la conception, à l'exécution et à l'évaluation des projets de développement.

Dans leur ouvrage « La participation populaire au développement en Afrique noire », IPD-Kathala, Paris, 1984, Mondjanagni et al ont présenté plusieurs expériences de la participation des communautés aux actions de développement en Afrique, dans les pays francophones et les pays anglophones. Les auteurs y démontrent l'engagement actif de diverses communautés dans la résolution de leurs problèmes de développement, ainsi que les obstacles multiformes qui handicapent la participation populaire et communautaire. Les différents « succès-stories » en matière de participation communautaire couvrent tous les secteurs : promotion rurale et paysanne, santé, éducation, etc.

Ce livre confirme la thèse selon laquelle seule la participation des populations locales est le gage de tout développement auto entretenu. Les communautés ne doivent pas attendre forcement les solutions venues d'ailleurs avant d'agir.

SOS Village d'Enfants a compris la leçon en travaillant conjointement avec les individus, les groupes, les organisations et les institutions, partout où cela contribue à la réalisation des objectifs de son programme.

A travers la coopération avec les autorités gouvernementales, la communauté et d'autres organes de tutelle, SOS Village d'Enfants les encourage et les soutient à satisfaire leurs engagements envers les enfants et leurs familles. Et c'est d'ailleurs ce qui justifie le choix de notre thème de recherche qui s'intitule : « *Degré de participation des Communautés Locales aux projets SOS Villages d'Enfants Togo : Cas du Programme de Renforcement de la Famille du Village d'Enfants SOS Lomé* ».

1.1. Justification du choix du sujet :

L'intérêt que notre sujet de recherche suscite en nous est important et se situe à quatre niveaux : intérêts personnel, social, professionnel puis académique et scientifique

1.1.1-. Intérêt Personnel

D'abord au plan personnel, nous sommes émerveillés par le travail que les organisations non gouvernementales font dans le domaine du développement des communautés locales. Notre curiosité intellectuelle nous a aussi poussé à nous interroger sur l'impact de la participation de ces populations locales sur leur développement économique et social.

1.1.2- Intérêt Social

Le présent travail nous permettra d'avoir une vision beaucoup plus large et nette de la contribution des populations locales aux projets de développement en général et particulièrement l'implication des familles bénéficiaires du programme de renforcement de la famille. Il fera comprendre également que la participation des populations au programme de renforcement de la famille influe sur le succès du programme et que le résultat de ce travail offre une opportunité d'apporter notre part à la promotion des populations.

1.1.3- Intérêt professionnel

Au plan professionnel, en tant que futur agent de développement nous avons jugé utile d'entamer un début de réflexion autour de la gestion axée sur les résultats dans les organisations. Tout développement suppose un choix judicieux d'outils de planification. Notre ambition est de rendre plus performante et visible l'action des organisations sur le terrain par un management opérationnel et stratégique. Cela passe par l'élaboration de meilleurs outils de gestion (socle de tout bon rendement). Nous demeurons convaincus que grâce au dynamisme et au génie des organisations de développement, les conditions de vies des populations peuvent s'améliorer énormément à travers leur implication. Le choix de ce sujet participe à inculquer aux organisations, la bonne gouvernance puis la culture du résultat et non celle des activités.

1.1.4- Intérêt académique et scientifique

Enfin, au plan académique et scientifique, ce présent travail devra contribuer à enrichir les écrits sur la participation des populations aux projets de développement.

Aussi, dans le cadre de pouvoir confronter les théories apprises à la réalité, il s'avère utile de mener une recherche scientifique qui aide à articuler la partie théorique avec la pratique enfin de renforcer la connaissance et surtout que la science connaît une évolution constante. Le présent travail amènera tous ceux qui le consulteront à pousser plus loin leurs recherches dans ce domaine. Aussi, ce travail prouve notre participation à l'extension du champ des connaissances.

1.2. Problématique :

Dans le monde des millions d'enfants ont perdu leurs parents et la prise en charge de leurs familles biologiques, et ceux qui risquent de tomber dans cette situation sont encore beaucoup plus nombreux. Très souvent, ces enfants n'ont nul part où trouver la protection, la prise en charge et le soutien nécessaire pour leur bon développement.

SOS Village d'Enfants est née de la reconnaissance de la détresse de ces enfants et d'un désir de répondre à leur situation d'une manière sensée et adéquate. A travers son modèle de prise en charge familiale, SOS offre une prise en charge de type familiale aux enfants ayant perdu la prise en charge de leurs familles biologiques. Plus récemment, elle a acquit les moyens nécessaires de répondre à la situation des enfants risquant de perdre la prise en charge de leurs familles biologiques.

Ce travail de prévention a pris forme dans le développement des *programmes de renforcement de la famille,* qui visent à empêcher que les enfants perdent la prise en charge de leur famille.

Ainsi SOS Village tend-elle la main aux individus, familles, communautés, collectivités

4

locales et autres partenaires pour construire une société où tous les enfants peuvent bénéficier d'un environnement familial chaleureux. Dans cette optique, elle poursuit une approche de développement qui dépasse la prestation des services essentiels, en reconnaissant le potentiel des enfants, de leurs familles et de leurs communautés à mener leur propre développement autonome.

De même, dans ce travail de renforcement de la famille, SOS Village d'Enfants permet aux familles et à la communauté de protéger et de prendre soin des enfants en utilisant un processus de planification de développement familial progressif.

Pour y arriver, SOS Village d'Enfants travaille directement avec les familles et les communautés pour leur permettre de protéger efficacement et de prendre en charge d'une manière raisonnable leurs enfants en impliquant au mieux les collectivités locales et les autres prestataires de services.

Aussi les programmes de renforcement de la famille sont-ils mis en oeuvre avec des partenaires d'exécution locaux, afin de s'assurer de leur ancrage dans la communauté et de leur appropriation conjointe entre ces partenaires et SOS Villages d'Enfants.

Pour ce faire l'institution travaille conjointement avec des individus, des groupes, des organisations et des institutions dans la mesure où cela puisse contribuer à atteindre les objectifs du programme.

Les familles et les communautés sont soutenues pour devenir autonomes dans la prise en charge de leurs enfants pendant une période allant jusqu'à 5 ans : Une famille peut participer au programme tant qu'elle oeuvre vers l'autonomie

La participation des principales parties prenantes est un élément fondamental dans toutes les étapes de développement du programme. SOS Villages d'Enfants s'assure en particulier que la voix des populations locales est entendue, et plus spécifiquement celle des enfants et familles au sein du groupe cible; en leur donnant l'occasion de participer, de sorte qu'ils puissent s'exprimer pleinement.

Le Programme de Renforcement de la Famille du Village d'Enfants SOS de Lomé, rentré dans sa phase opérationnelle depuis juin 2004 soit déjà cinq ans, a pris en compte, à ce jour, 87 familles et à la lumière des rapports trimestriels, ses familles ont été appuyés sur plusieurs plans entre autres : plan alimentaire, sanitaire, scolaire, psychosocial et renforcement des capacités des parents quant à la prise en charge de leurs enfants.

Tout ceci en étroite collaboration avec les communautés locales dans le but de les préparer à une autonomie et à la prise en charge du programme par un comité de pilotage local.

Et comme prévue dans les lignes directives du programme, les premières familles prises en compte par le programme devraient accéder à leur autonomie après une période de trois à cinq ans puisque ayant été impliquées dans la préparation à cette autonomie.

A première vue, on serait tenté de croire qu'il n'y aura pas de problème quant à l'implication au programme et à l'accession à l'autonomie des familles quand on sait que certaines familles sont devenues aujourd'hui 44 familles sont sorties du programme, mieux sont devenues autonomes.

Mais la situation sur le terrain est toute autre. L'intervention du programme connaît aujourd'hui un certain nombre de problèmes liés à l'accession à l'autonomie des familles vis-à-vis du programme après la période d'accompagnement prévu par le programme.

Nos interrogations au sujet de cet état de chose nous ont permis de comprendre qu'il existe un déficit d'implication des familles et des communautés locales dans les différents processus de mise œuvre du programme.

En témoigne aussi les remarques, les critiques, les inquiétudes, les propositions formulées lors des entrevues avec les familles bénéficiaires du programme. Nos investigations ont d'autres parts été confirmées par les résultats de la dernière autoévaluation du programme qui s'est déroulée du 13 au 21 août 2010 où les familles et les responsables du programme se rejettent les responsabilités.

Pour les familles du programme, elles n'ont pas été associées à certaines prise de décisions les concernant. Les responsables pour leur part affirme avoir suffisamment collaborer avec les familles et les communautés locales afin de les préparer à prendre en mains leur destinée et celle de leur famille.

Dans de telles situations, il nous a donc paru pertinent, dans le cadre de la présente étude, de nous poser des questions

Existe-t-il vraiment une collaboration entre les familles et les responsables du programme ? Quelle est la nature de cette collaboration ? Quel est le degré de participation des familles à ce programme de renforcement de la famille initié par SOS Village d'Enfants ? Quels sont les axes d'implication des collectivités locales dans le processus de renforcement de la famille ? Quel est l'impact de la participation des populations dans ce projet ?

1.3. Objectif global :

L'objectif général assigné à cette étude est d'évaluer le degré de participation des populations locales au programme de renforcement de la famille

1.4. Objectifs spécifiques :

- Identifier les différents axes d'implication des familles, bénéficiaires dans le processus de programme de renforcement de la famille ;

- Déterminer les différentes contraintes et obstacles à la participation des populations au programme de renforcement de la famille.

- Faire des recommandations pour un renforcement de la participation des populations au PRF ?

1.5. Hypothèses :

Maurice DUVERGER, in Méthodes des sciences sociales Paris, P.U.F., 1961, déclare que « toute recherche scientifique, aussi bien dans les sciences sociales que dans les sciences physiques, se fait à l'intérieur des cadres conceptuels. Elle implique d'abord une certaine classification des faits, une typologie plus ou moins nette des phénomènes étudiés et les rapports qui existent entre eux, qu'on définisse à propos des théories, des systèmes plus ou moins hypothétiques ». A la suite de ce qui précède, il est indispensable de formuler des hypothèses qui seront vérifiées sur le terrain.

Avant d'identifier nos hypothèses, nous avons analysé, à la lumière de l'auto évaluation, des rapports trimestriels, des entretiens avec la coordinatrice et avec certaines familles, la situation de la participation des populations locales aux projets SOSVE Togo et surtout celui du programme de renforcement de la famille du village d'Enfants Lomé.

Notre étude retient la première hypothèse suivante : les difficultés de participation des populations locales au programme peuvent avoir son origine dans le fait que les concepteurs du programme pensent que comme le programme procure aux familles bénéficiaires un intérêt matériel ou moral, leur implication serait automatique.

Une deuxième hypothèse énonce que l'absence d'une implication de la population locale contribuerait aux difficultés d'autonomisation des familles et de leurs enfants vis à vis du programme.

1.6. Revue de la littérature

Dans le cadre de notre étude, nous avons eu à consulter certains documents dont les auteurs ont fait des réflexions touchant certains aspects de notre thème. Il nous paraît indispensable de présenter sous forme thématique les grandes conclusions de ces travaux antérieurs, ce faisant, nous réalisons du coup la revue de la littérature.

Guy BELLONCLE *Participation paysanne et aménagements hydro-agricoles*, Ed. *Karthala, Paris, 1985* : Il n'y a pas de promoteur sérieux de développement rural qui n'ait, à une rubrique de sa proposition de projet, un volet de méthode participative. La participation et l'animation rurales sont une des voies vers le développement. En tant que mode opératoire d'action, elles apportent une solution technique précise et solide au problème de développement. Elles passent par la formation ainsi que par l'information, l'éducation et la communication (IEC), l'alphabétisation fonctionnelle et l'apprentissage de la gestion et constituent la voie indispensable vers la maîtrise des projets par les paysans.

Albert MEISTER, *La participation pour le développement*, Ed. *Ouvrières, Paris, 1977* : Selon l'auteur, le développement d'un pays ne résulte pas seulement de mesures purement économiques. L'échec est probable si la population, ne se sentant pas concernée, reste passive. Son élan est l'une des clés du succès. D'où l'importance capitale de faire entrer les plus larges couches possibles de la société dans un processus de participation au développement, qui peut revêtir des formes diverses : alphabétisation, éducation des adultes, vulgarisation agricole, travail social, développement communautaire, animation rurale, etc.

Alfred MONDJANAGNI, *La participation populaire au développement en Afrique noire, Karthala, Paris, 1884* : Il n'y a pas à aller chercher trop loin les causes des échecs répétés des projets de développement. Pour lui, les grands aménagements hydro-agricoles n'ont pas donné l'espoir qu'on avait mis en eux, surtout parce que, non seulement les études économiques, écologiques et techniques ont été défaillantes, mais aussi et surtout parce que les populations qui sont censées être les premières bénéficiaires ne se sentent pas toujours concernées par l'opération. La question de faire participer les populations vient toujours trop tard, car au lieu de la situer en amont de l'opération, on la pose en aval quand les jeux sont déjà faits. Ce sont tous les aspects humains, ajoutés aux aspects techniques et financiers, qui font un développement réel et durable. Les aspects humains constituent d'ailleurs le moteur central du succès.

Hamidou Benoît OUEDRAOGO, *L'appropriation des projets de développement. Le cas des Micro-réalisations au Burkina-faso*, Université de Québec à Rimouski (GRIDEQ), 1992 : Pour lui, il est maintenant reconnu que le problème majeur du développement est moins celui de la connaissance des technologies que celui de la transmission des processus de connaissances eux-mêmes et de la démocratisation de la participation au changement. Il estime que la vraie mesure de réussite réside dans les changements durables et autonomes qui continueront de se produire auprès des populations-cibles et de l'ensemble de la communauté après le départ des acteurs extérieurs. Les agences d'aide et les gestionnaires de projets influencent aussi les conditions de réussite ou d'échec. Le changement dépend des facteurs locaux et des facteurs externes. De nombreuses initiatives s'essoufflent, se brisent ou se diluent par l'absence d'un cadre politique propice à la rencontre et à la complémentarité entre un macro-projet de transformation nationale et des micro-projets de développement locaux et régionaux.

L'implication des collectivités territoriales à son développement nous l'avons dit s'impose en ce siècle avec beaucoup d'acuité. Selon **GEORGES GONTCHAROFT**, ancien directeur de la revue *Territoire* cité dans un article de Wikipédia, l'encyclopédie libre « *La vision descendante de la participation* » (les décisions sont prises en haut lieux sans concertation avec les populations concernées) est contestée au début des années 1970 par de nombreux acteurs locaux qui considèrent que le développement d'un territoire doit prendre en comptes les besoins et les aspirations de ces habitants. Pour **GEORGES GONTCHAROFT**, la gestion d'une collectivité locale, d'un territoire se fait du bas en haut. Cet avis est aujourd'hui de plus en plus partagé par plusieurs acteurs du développement. Cette démarche participative prônée par le « *mouvement des pays* » donne plus de responsabilités aux collectivités locales dans les prises de décision en ce qui concerne leur propre destin. Ainsi le bien être d'une société « *doit commencer au niveau locale et se propager au niveau supérieur. Il doit valoriser les ressources d'un territoire par et pour les groupes qui occupent ce territoire.* »

En France, les lois Defferre de 1982 - 1983 sur la décentralisation donne plus de responsabilités aux collectivités locales pour mener des projets locaux et des politiques d'aménagement.

Selon la Banque Mondiale « *c'est donc de plus en plus aux collectivités locales qu'ils appartiennent de répondre à la demande, sans cesse croissante d'équipement collectif [...]*

car les collectivités locales, en dépit de leurs faiblesses et de leurs manques de ressources financières, sont mieux placées que quiconque pour répondre aux besoins locaux ».

Ainsi tous ces fondements et idéologies donnent la part belle aux collectivités pour une bonne stratégie de développement. C'est donc dire que la participation, l'imprégnation des collectivités se pose et s'impose de nos jours comme la solution miracle pour le développement de l'Afrique.

Par ailleurs, divers aspects de la participation communautaire et des conditions de réussite des projets de développement en milieu rural ont été abordés par un grand nombre d'auteurs mais sans nous laisser emporter par un excès livresque, nous nous contenterons de choisir quelques documents susceptibles de nous fournir une base de travail pour notre recherche.

1.7. Clarification et définition des termes et concepts utilisés

Participation : Participation vient du verbe participer qui signifie, selon Le Petit Larousse, s'associer, prendre part à. La participation est donc la contribution qu'on apporte à quelque chose, à une initiative. C'est l'action de s'associer à quelque chose.

La participation communautaire au projet de développement est la contribution qu'apporte une communauté/population à un projet de développement qui la concerne. Cette contribution peut être volontaire ou provoquée. C'est aussi l'implication des populations aux différentes phrases de réalisation d'un micro-projet : identification des besoins, élaboration du projet, exécution, gestion et maintenance, suivi-évaluation du micro-projet.

Susciter la participation des populations dans le cadre d'un projet de développement, c'est permettre à celles-ci de s'impliquer dans toutes les phrases du projet et de partager le pouvoir lié au processus de prise de décision. Il existe différents modes de participation. Albert MEISTER distingue cinq (05) modes de participation qui sont :

- ***la participation de fait*** : fondée sur la tradition qui regroupe des personnes ayant certains buts en commun. C'est le cas d'un groupe ou classe d'âge ou de métier, par exemple, où le recrutement des membres n'est pas volontaire, mais de fait et la participation dans ce cas a pour fonction de renforcer les traditions.

- ***la participation volontaire*** se déclenche sans l'aide d'une animation quelconque lorsque des personnes partageant certains intérêts, décident de se regrouper en coopérative, syndicat, parti politique, etc. pour défendre leurs intérêts. Le recrutement

10

se fait de façon volontaire et la participation satisfait les besoins nouveaux de la collectivité et facilite l'adaptation des membres aux changements sociaux.

- *la participation spontanée* : elle renvoie à une participation entièrement volontaire et sa spontanéité tient au fait que les circonstances d'habitat (voisinage), pays d'affinité quelconque ont mis des gens ensemble. Le recrutement se fait spontanément et la participation répond à des besoins d'ordre affectif et psychologique.

- *la participation provoquée* est celle suscitée par des animateurs pour encourager des comportements jugés nécessaires pour une meilleure adaptation au changement social. Le recrutement est provoqué par la sensibilisation pour remplir une fonction d'adaptation.

- *la participation imposée* provoquée selon des normes établies par des animateurs extérieurs au groupe. L'adhésion est obligatoire puisque nécessaire au fonctionnement d'un projet.

En dehors ce cette typologie dressée par Albert MEISTER, on considère dans la pratique deux types de participation selon le degré d'implication des bénéficiaires dans la réalisation des micro-projets. On distingue la participation déterministe et la participation interactionniste.

La participation déterministe n'implique pas les populations bénéficiaires aux principales phrases des projets de développement. Tout au plus, les intervenants associent les bénéficiaires à la phase d'exécution, les percevant comme une simple main-d'œuvre. Cela a des conséquences sur l'aboutissement même du projet. Gérard CONAC fait remarquer que l'absence de maîtrise de la décision engendre chez les paysans l'idée que le projet n'est pas le leur, mais celui de l'administration ou de la société régionale d'aménagement, et qu'elle crée un sentiment d'irresponsabilité grave de conséquences.
Ce type de participation ne prend pas en compte le contexte socioculturel de la logique ou de la rationalité du paysan dans la réalisation des projets.
La participation interactionniste qui implique les populations concernées à toutes les phases depuis l'identification des besoins, la définition des objectifs jusqu'au suivi-évaluation (et au partage des fruits, …) en passant par l'élaboration, l'exécution, la formation à la gestion et à la maintenance du projet. La participation renvoie à la responsabilisation de l'individu et du groupe. La participation est inscrite dans ce cas dans le contexte socioculturel, économique et

politique des participants.

Yao ASSOGBA fait remarquer qu'en terme de pratique développementale, le paradigme interactionniste suppose que les intervenants tiennent compte dans le processus de réalisation d'un projet, des croyances, des motivations, des logiques économiques et des stratégies des populations bénéficiaires » Animation, participation et hydraulique villageoise en Afrique : étude d'un exemple du Togo, Université Laval, Centre Sahel, Dossiers Etudes et Formation Québec, Canada, P.33

Le processus de développement est loin d'être une simple question de transfert mécanique des facteurs définis comme les déterminants des transformations sociales nécessaires à l'évolution d'une société sous-développée. La technologie et le capital financier sans se soucier des perceptions, des représentations de rôle et de statut, de l'univers symbolique des bénéficiaires des projets, conduit à l'échec.

Pour le groupe de la Banque Mondiale, la participation est « un processus par lequel les parties prenantes influent sur les initiatives, les décisions et les ressources qui concernent leur développement et en partagent le contrôle ».

Pour l'ONU, le concept de participation est introduit dans le champ du développement comme le moyen par lequel les citoyens devraient s'impliquer dans le processus de leur propre devenir.

L'approche participative est la démarche qui associe les acteurs à toutes les phases de l'action ou du projet, c'est-à-dire de l'identification du problème jusqu'au suivi-évaluation en passant par la mise en œuvre. Elle suscite l'engagement de tous les acteurs et induit la responsabilisation.

Projet : c'est une activité programmée et mise en œuvre sur la base d'objectifs mesurables, opérationnels et réalisables en un temps donné dans un milieu donné avec des moyens appropriés.

Micro-réalisation : projet ponctuel issu des besoins immédiats d'une communauté ou collectivité qui souhaite participer à sa réalisation avec l'aide de l'Etat, d'un bailleur de fonds ou d'une ONG.

Degré : selon le Dictionnaire Robert, il s'entend par niveau d'interprétation incluant une distanciation mieux c'est un niveau d'élévation par rapport à un plan horizontal.

1.8. Le Programme de Renforcement de la Famille (PRF) : Qu'est-ce que c'est ?

Les conditions de vie difficiles et les situations de crise font que, souvent, des parents ne peuvent s'occuper de leurs enfants comme il le faudrait. Beaucoup n'ont pas le strict nécessaire, l'argent pour les soins de santé ou pour scolariser leurs enfants, satisfaire leurs besoins.

Avec les programmes de renforcement de la famille, SOS Villages d'Enfants veut contribuer à ce que les familles arrivent, à long terme, à subvenir elles-mêmes à leurs besoins et à mener une existence autonome. C'est en effet le seul moyen de s'assurer que les enfants ne soient pas laissés pour compte et qu'ils puissent grandir dans leur famille.

SOS Villages d'Enfants est persuadée que, pour un enfant, la famille est toujours le meilleur cadre d'épanouissement. Cependant, des millions d'enfants dans le monde entier ont déjà perdu la protection de leur famille. La pauvreté, la maladie, la violence, les catastrophes et les conflits armés font augmenter chaque jour le nombre d'enfants risquant d'être abandonnés, délaissés et négligés.

Les programmes de renforcement de la famille s'adressent, selon les réalités locales, à des groupes cibles particuliers, comme par exemple les mères élevant seules leurs enfants, les familles touchées par le VIH/sida ou les familles connaissant de grandes difficultés économiques, qui s'accompagnent souvent de problèmes de dépendance, de maladies et d'isolement.

Le PRF est un département du Village d'Enfants SOS créé en Janvier 2004 au Togo et rentré dans sa phase opérationnelle en juin 2004. Au départ, il est dénommé "Projet SIDA". Cependant, pour éviter la stigmatisation et surtout compte tenu du fait que le critère de base pour l'identification des bénéficiaires n'était pas seulement le VIH/SIDA, le programme a connu une modification de dénomination et s'intitule désormais "Programme de Renforcement de la Famille".

L'objectif du programme de renforcement de la famille est de permettre aux enfants qui risquent de perdre la prise en charge de leur famille de grandir au sein d'un environnement familial chaleureux.

Le programme travaille directement avec les familles et les communautés pour leur permettre de protéger efficacement et de prendre en charge d'une manière raisonnable leurs enfants en collaboration avec les collectivités locales et les autres prestataires de services.

Au sein de la communauté, le programme de renforcement de la famille oeuvre à s'assurer que les trois éléments de l'ensemble des services qui suivent, soient réellement traités :

S'assurer que les enfants ont accès aux services essentiels nécessaires pour réaliser leur droit à la survie, au développement, à la protection et à la participation. Cela comprend un appui éducatif, nutritionnel, sanitaire et psychosocial ; l'amélioration des conditions de vie ; ainsi que le soutien à l'établissement de l'identité de l'enfant. Ces services parviennent directement aux enfants.

Soutenir les familles à renforcer leurs capacités à protéger et à prendre soin de leurs enfants. Cela comprend le soutien des tuteurs pour qu'ils développent leurs connaissances et leurs compétences ; pour qu'ils assurent une source de revenus stable (ex : revenu et production alimentaire) dans le but de pouvoir répondre aux besoins qu'implique le développement de leurs enfants aujourd'hui et dans le futur; et pour qu'ils gèrent leurs ressources de manière efficace. Ces services parviennent aux enfants par le biais de leurs familles.

Renforcer les systèmes de soutien pour les enfants vulnérables et leurs familles au sein de la communauté. Un soutien est offert plus particulièrement aux membres de la communauté (du groupe cible, des prestataires de services particuliers ou autres membres concernés de la communauté) pour qu'ils apprennent à s'organiser afin qu'ils puissent être capable de développer et maintenir leurs propres réponses aux besoins des enfants et des familles vulnérables. Ces services parviennent aux enfants par le biais de leurs communautés.

Ainsi, la cible du Programme de Renforcement de la Famille se compose des enfants qui :

> ➢ vivent avec un parent malade en phase terminale (SIDA ou autre maladie terminale);
>
> ➢ ont déjà perdu un ou les deux parents (à cause du SIDA ou autres causes) ;
>
> ➢ vivent dans des familles dirigées par un enfant ou un grand parent ;

- ➤ vivent dans des maisons d'accueil (maison qui abrite un ou plusieurs orphelins) ;
- ➤ vivent avec des parents en situation sociale précaire (handicapés physiques ou mentaux, perte d'emploi, détenus).

II- MATERIELS ET METHODES

La méthode apparaît comme le cheminement de la recherche, c'est une démarche ordonnée, une technologie raisonnée utilisée dans une recherche en vue d'aboutir à des résultats probants. Par méthode, on peut également entendre « des règles faciles mais certaines, grâce auxquelles tous ceux qui les observent exactement ne supposeraient jamais vrai ce qui est faux et parviendront, sans se fatiguer à des efforts inutiles, à la connaissance vraie de ce qu'ils peuvent atteindre » **Descartes, Les Règles de la méthode.**

Aucun chercheur ne peut prétendre se passer de la méthodologie pour atteindre le but qu'il s'est fixé. Il lui incombe, pour cette raison, l'impérieuse tâche d'élucider la démarche méthodologique qui lui a permis de se garder de graves méprises et de stabiliser sa recherche sur une base scientifique, étalon de mesure de la validité, de la précision et de la fiabilité de l'analyse. Aussi avons-nous décidé d'expliciter notre approche méthodologique.

Pour étudier et sonder les opinions par rapport aux contours du degré de participation des familles au programme de renforcement de la famille initié par le Village d'Enfants SOS, cette recherche a retenu trois techniques de recherche que sont : une enquête par sondage (échantillonnage et questionnaire) et deux autres techniques qualitatives, à savoir, les interviews et l'observation directe.

Ce sont, en fait, des « méthodes des sciences humaines qui recherchent explicitement, analysent des phénomènes visibles ou cachés. Ces phénomènes, par essence, ne sont pas mesurables (croyances, représentations, [opinions]) ; ils ont les caractères des faits humains », **(MUCCHIELLI, 1991 : 280).**

2.1- La pré-enquête :

Elle représente une étape importante de la recherche. Nous entendons par pré-enquête toutes les méthodes qui nous permettront d'avoir des informations au premier niveau de notre travail.

La pré-enquête, comme son nom l'indique vient avant l'enquête. Elle nous a permis de tester les outils de collecte des informations, notamment le questionnaire. Aussi nous a-t-elle permis de corriger et de rendre les outils de collecte pertinents par rapport aux objectifs de l'étude. Quand on a un questionnaire, même un guide d'entretien, on le teste avant d'aller sur le terrain pour interroger les gens. L'objectif de la pré-enquête est de jauger la pertinence des questions.

C'est à travers ce pré-test que nous avons ajusté le questionnaire aux réalités des populations concernées.

2.2- La population cible :

C'est la base à partir de laquelle nous allons déterminer notre échantillon. Il regroupe les familles, les chefs traditionnels des communautés, les prestataires de services et autres unités concernées par le programme de renforcement de la famille du village d'enfants SOS de Lomé.

La population cible de la présente étude est constituée des familles des bénéficiaires du PRF. Mais pour avoir des informations nécessaires pour notre recherche, nous nous sommes intéressé aux chefs de familles ou tuteurs des enfants prise en charge par le programme, les seules habiletés à nous dire s'ils participent ou non au programme et quelles sont les conditions d'implication.

2.3- La technique de l'échantillonnage :

L'échantillonnage est la technique qui consiste à choisir un groupe d'individus appelé échantillon dans une population mère. Ce dernier ne constitue pas la population totale du milieu d'étude mais la population sur laquelle doit porter l'étude.

C'est dans ce sens que R. GHIGLIONE et B. MATALON affirment que : « Il est très rare qu'on puisse étudier exhaustivement une population, c'est-à-dire en interroger tous les membres. Ce serait si long et si coûteux que c'est pratiquement impossible. D'ailleurs c'est inutile : interroger un nombre restreint de personnes, à condition qu'elles aient été correctement choisies, peut apporter autant d'informations, à une certaine erreur près, erreur calculable et qu'on peut rendre suffisamment faible. Le problème est de choisir un groupe d'individus, un échantillon, tel que les observations qu'on fera sur lui, pourront être généralisées à l'ensemble de la population ; il faut donc que l'échantillon présente les mêmes caractéristiques que la population, qu'il soit représentatif. », Les enquêtes sociologiques. Théories et Pratiques, Armand Colin, Paris, 1982 p 29.

Par ailleurs, il faut préciser qu'il n'y a pas un échantillonnage standard qu'il faut appliquer à toutes les études. Chaque chercheur qui veut entreprendre une étude, faute de pouvoir interroger toute la population mère, peut prélever lui-même son échantillon pourvu que ce dernier soit représentatif ou présente à peu près les mêmes caractéristiques que son univers d'étude.

Aussi réaliser une enquête, c'est interroger un certain nombre d'individus en vue d'une généralisation. L'échantillonnage s'impose au chercheur quand celui-ci ne peut interroger sa population d'étude dans son intégralité.

Or notre population mère étant déjà réduite, nous avons choisis de retenir tous les individus de la population mère pour l'enquête ; autrement dit, enquêter tous les chefs ménages dont l'effectif total est 44.

En définitive, le sous-ensemble étant égal à l'ensemble de l'univers d'enquête, c'est une enquête exhaustive qui s'impose.

2.4- La technique du questionnaire :

Le questionnaire, comme le guide d'entretien, est un outil dans le cadre d'une technique de recueil des informations qui est l'entretien ou l'interview

Le principal instrument auquel nous avons eu à recourir sur le terrain pour la collecte des données est le questionnaire.

C'est un outil de collecte de données dont nous nous sommes servis pour recueillir des informations quantitatives auprès de notre échantillon.

Il nous a aidé à formuler un ensemble de questions que nous avons proposé à un certain nombre d'éléments du public qui constituent les unités de notre échantillon afin de recueillir leur point de vue sur la question de la participation ou non des familles à ce programme de renforcement de la famille initié par SOS Village d'Enfants. Ces questions ont tenu compte des hypothèses et des objectifs dans son élaboration.

Deux types de questions sont posés à nos enquêtés pour recueillir les informations. Il s'agit des questions fermées à réponses multiples avec gradation qui permettent d'ordonner les choix de l'interviewé par ordre de grandeur et des questions ouvertes sur les opinions et les motivations qui donnent plus de liberté à l'enquêté dans l'expression de ses opinions.

Cette technique du questionnaire offre l'avantage d'une codification et d'une exploitation rapides des réponses, mais son emploi exclusif ne saurait permettre une analyse en profondeur, c'est pourquoi elle a été complétée et renforcée par la technique de l'observation directe.

2.4.1- L'administration du questionnaire :

Elle s'est déroulée de façon discontinue et les enquêtés ont été abordés dans leur propre domicile. Notons que la plupart de nos enquêtés habitent les quartiers de la capitale couvert par le programme où a lieu cette enquête : Adéwi, Agbalépédogan, Agoè Nyivé, Avédji, Djidjolé, Cassablanca, Gblinkomé, Hédzranawoé, Nukafu, Kégué, Tokoin Tamé.

2.4.2- Mode d'administration du questionnaire :

L'administration indirecte qui consiste à poser des questions aux enquêtés et à noter leurs réponses nous a été plus commode pour cette collecte de données. Ce choix s'explique par le fait que le faible niveau d'instruction de nos enquêtés ne leur permet ni de lire ni d'écrire.

2.5- La technique de l'observation directe :

L'observation directe, qui consiste à « se trouver présent et mêlé à une situation sociale pour l'enregistrer et l'interpréter en s'efforçant de ne pas la modifier », (PERETZ, 1998 : 279) est une méthode « d'enregistrement par notes descriptives ou analytiques d'actions ou d'observations perçues sur le terrain dans un contexte naturel », (NGA Ndongo, 1999 : 300). Elle favorise l'accès immédiat aux comportements de la population locale (bénéficiaires) afin de mieux cerner les mobiles de l'implication ou non de la famille à ce programme.

Il s'est agi pour nous, de suivre les familles bénéficiaires dans leur participation aux réunions organisées par le programme et de voir comment elles sont impliquées dans la prise des décisions les concernant.

2.6- La technique de l'interview et d'entretien :

Les interviews qui sont, un procédé d'investigation scientifique utilisant un processus de communication verbale, pour recueillir des informations, en relation avec l'objectif fixé pour cette recherche, apparaissent ici appropriées pour explorer et sonder le fond et la profondeur des opinions de notre population cible : les bénéficiaires, d'autant plus que l'opinion s'exprime verbalement.

Ceci dit le guide d'entretien nous a permis de recueillir des informations auprès des personnes qui sont censées détenir des informations suffisantes dans le domaine concerné par la présente étude.

19

Les informateurs clés sont entre autres le Coordinateur National du PRF, l'Agent de Promotion sociale en charge du programme de renforcement de la famille du site de notre étude, certains responsables du Village d'Enfants SOS Lomé, certains membres du CDQ et du Comité de pilotage.

2.7- Mode de présentation des données :

Afin de rendre accessible les résultats de l'enquête, nous avons estimé qu'une présentation de type statistique avec des tableaux de représentation et des graphiques serait la solution la plus appropriée. Les tableaux seront analysés au fur et à mesure. Et de cette analyse sortirons les suggestions. Les résultats des entretiens interviendront aussi à ce niveau.

III- RESULTATS :

Dans cette partie de notre travail, il est question de présenter et de développer uniquement les résultats des données recueillies et informations recueillies sur le terrain.
Après le dépouillement, nous avons obtenu des tableaux que nous avons analysés, en vue d'aboutir à la vérification de nos hypothèses de recherche.

Pour nous permettre de suivre notre plan d'analyse, nous avons surtout tenu compte dans nos interprétations des fréquences absolues exprimées en pourcentage.
Cette partie présente les données de l'enquête et comporte :
- Les caractéristiques socio-démographiques
- La connaissance et perception du village d'Enfants SOS et du PRF
- La contribution à la prise en charge des enfants
- Le degré de participation des bénéficiaires au PRF et l'accession à l'autonomie.

3.1- Données sur les caractéristiques socio-démographiques :

L'identification des éléments de notre groupe cible est un travail préalable et nécessaire pour comprendre sa structure et se rendre compte de sa composition. L'âge, la situation matrimoniale, le niveau d'instruction et la profession sont des renseignements qui nous ont aidé à mieux saisir les identités des personnes qui composent notre groupe cible.

Tableau N° 1 : Répartition des enquêtés selon le sexe

Sexe	Effectif	Pourcentage
Masculin	3	6,8
Féminin	41	93,2
Total	44	100

Source : Données de l'enquête

Commentaire :

Parmi nos enquêtés seuls 3 sont du sexe masculin soit 6,8 pourcent. 41 sont du sexe féminin soit 93,2%. Ceci montre que la majorité des chefs de familles de nos enquêtés sont des femmes.

Tableau N° 2 : Répartition des enquêtés selon l'âge

Age	Effectif	Pourcentage
15-30 ans	3	6,8
31-60 ans	36	81,8
61 ans et plus	1	2,3
Ne sait pas	4	9,1
Total	44	100

Source : Données de l'enquête

Commentaire :

Cette répartition par âge nous est utile pour relever les différentes tranches d'âge que nous avons interrogées.

Parmi les enquêtées, 3 ont un âge compris entre 15 et 30 ans soit 6,8 %, 36 sur les 44 enquêtés ont un âge compris entre 31 et 60 ans soit 81%, 1 enquêté sur les 44 soit 2,3% a plus de 60 ans et enfin 4 ne connaissent pas leur âge soit 9,1 %.

Tableau N° 3 : Répartition des enquêtés selon niveau d'instruction

Réponse	Effectif	Pourcentage
Sans instruction	13	29,5
Primaire	16	36,4
Collège	13	29,5
Lycée	2	4,6
Total	44	100

Source : Données de l'enquête

Commentaire :

Ce tableau présente le niveau d'étude ou d'instruction des personnes interrogées. Ainsi la plus grande partie des responsables de familles bénéficiaires ont fait le Primaire. Ceci équivaut à 36,4% des interrogés.

Aussi 4,6% de nos enquêtés ont fait le Lycée ; 13 ont fait les études secondaires, c'est-à-dire le collège soit 29,5% des interrogés et 13 autres restants n'ont pas fréquenté soit également 29,5 %.

Tableau N° 4 : Répartition des enquêtés selon la profession

Réponse	Effectif	Pourcentage
Ménagère	18	40,9
Commerçant	14	31,8
Employé	1	2,3
Sans emploi	7	15,9
Autres	4	9,1
Total	44	100

Source : Données de l'enquête

Commentaire :

Ce tableau indique que la majorité des responsables de familles bénéficiaires sont ménagères. Ainsi sur les 44 interrogés, 18 sont ménagères soit 40,9 %, 14 sont commerçants, 7 sont sans emploi soit respectivement 31,8% et 15,9 %.

Tableau N° 5 : Répartition des enquêtés en fonction de la situation matrimoniale

Réponse	Effectif	Pourcentage
Célibataire	2	4,6
Marié	27	61,3
Veuf (ve)	13	29,5
Divorcé	2	4,6
Total	44	100

Source : Données de l'enquête

Commentaire :

Au regard de ce tableau, 27 enquêtés sont mariés soit 61,3 % ; 13 sont veuf (ves) ce qui correspond à 29,5 % ; seuls 2 sont célibataires et 2 autres divorcés soit respectivement 4,6 %.

3.2- Données sur la perception et connaissance du village d'enfants SOS et le PRF :

Dans cette partie, nous avons abordé les questions sur ce que fait le Village d'Enfants SOS, son programme de renforcement de la famille et ses domaines d'intervention.

Tableau N° 6 : Répartition des enquêtés selon qu'ils ont entendu parler de SOS Village d'enfants ou non

Réponse	Effectif	Pourcentage
Oui	44	100
Total	44	100

Source : Données de l'enquête

Commentaire :

Le présent tableau nous indique que tous les 44 enquêtés ont entendu parlé du Village d'Enfants SOS soit un pourcentage de 100 %

Tableau N° 7 : Répartition des enquêtés selon les sources de leur information sur SOS Village d'Enfants

Réponse	Effectif	Pourcentage
Ami	17	38,6
Membre de famille	12	27,3
CDQ	10	22,7
Au cours d'une réunion organisée par le Village d'enfants SOS	3	6,8
Radio/Télévision	2	4,6
Total	44	100

Source : Données de l'enquête

Commentaire :

Ici à la question « de qui avez-vous eu l'information », 17 enquêtés ont répondu avoir eu l'information chez un ami soit 38,6 % et 3 seulement l'ont eu au cours d'une réunion organisée par le Village d'enfants SOS soit 6,8 %. 12 autres enquêtés ont eu l'information d'un membre de leur famille ce qui correspond à 27,3 %.

Tableau N° 8 : Répartition des enquêtés sur ce que fait SOS Village d'Enfants

Réponse	Effectif	Pourcentage
Prise en charge des jeunes	10	22,7
Prise en charge des OEV	32	72,7
Prise en charge des jeunes et des OEV	2	4,6
Total	44	100

Source : Données de l'enquête

Commentaire :

Le présent tableau montre que sur les 44 enquêtés, 32 ont affirmé que SOS Village d'enfants prend en charge les orphelins et enfants vulnérables soit 72,7 % ; 22,7 % pensent qu'elle s'occupe des jeunes.

Tableau N° 9 : Répartition des enquêtés sur ce que fait le PRF

Réponse	Effectif	Pourcentage
Appui aux familles pauvres	17	38,6
Appui aux enfants	10	22,7
Aide aux femmes	1	2,3
Appui aux familles pauvres et aux enfants	16	36,4
Total	44	100

Source : Données de l'enquête

Commentaire :

38,6 % des enquêtés sont d'avis que le programme de renforcement de la famille vient en aide aux familles pauvres ce qui fait un total de 17 sur les 44 ; 36,4 par contre pensent que le programme vient en aide aux familles pauvres et aux enfants soit 16 enquêtés sur 44 et 10 sur 44 ont répondu que le PRF appui les enfants soit un pourcentage de 22,7.

Tableau N° 10 : Répartition des enquêtés selon qu'ils connaissent ou non les domaines d'intervention du PRF

Réponse	Effectif	Pourcentage
Oui	37	84,1
Non	7	15,9
Total	44	100

Source : Données de l'enquête

Commentaire :

Sur les domaines d'intervention du programme de renforcement de la famille, 37 des enquêtés ont répondu favorable soit 84,1 % tandis que 7 sur 44 ont dit non ce qui équivaut à 15,9 %.

Tableau N° 11 : Répartition des enquêtés selon leur avis sur les domaines du PRF

Réponse	Effectif	Pourcentage
Alimentation	5	11,4
Scolarité, alimentation et santé	30	68,1
Scolarité et alimentation	8	18,2
Pas d'indication	1	2,3
Total	44	100

Source : Données de l'enquête

Commentaire :

Sur ce tableau, 68,1 % des enquêtés ont fait remarquer que le PRF les appuis sur le plan scolarité, alimentaire et santé correspondant ainsi à 30 sur les 44 enquêtés.

3.3- Contribution à la prise en charge des enfants :

Dans cette partie, il a été question du nombre d'enfants des enquêtés, combien sont pris en charge et quel est le pourcentage de contribution de la famille.

Tableau N° 12 : Répartition des enquêtés selon le nombre d'enfants sur le PRF

Réponse	Effectif	Pourcentage
Aucun	2	4 ,6
1 sur 2	16	36,4
2 sur 4	5	11,4
Tous	21	47,6
Total	44	100

Source : Données de l'enquête

Commentaire :

Sur les 44 enquêtés 42 ont répondu qu'ils ont plus de 2 enfants pris en charge par le programme soit un pourcentage 95,4.

Tableau N° 13 : Répartition des enquêtés selon qu'ils contribuent ou non au PRF

Réponse	Effectif	Pourcentage
Oui	39	88,6
Non	5	11,4
Total	44	100

Source : Données de l'enquête

Commentaire :

Le présent tableau indique que 88,6 % soit 39 de nos enquêtés contribue à la prise en charge des enfants. Seuls 5 ont dit n'avoir contribué à la prise en charge ce qui correspond à 11,4 %.

27

Graphique N° 1 : Répartition des enquêtés selon le pourcentage de contribution à la prise en charge des enfants

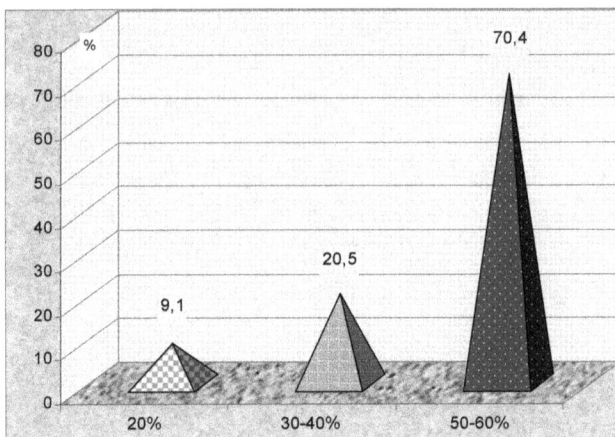

Source : Données de l'enquête

Commentaire :

Ce graphique rend compte du pourcentage de contribution des familles à la prise en charge des enfants. Ainsi 70,4 % ont déclaré qu'ils participent entre 50-60% soit 31 des enquêtés sur les 44.

3.4- Degré de participation des familles au programme de renforcement de la famille et l'accession à l'autonomie :

Graphique N° 2 : Répartition des enquêtés par rapport à qui a initié le PRF

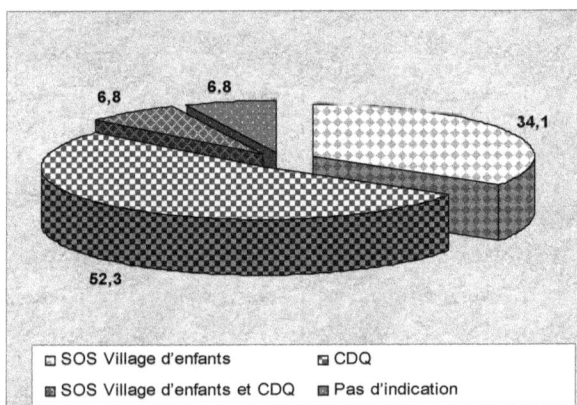

Source : Données de l'enquête

Commentaire :

A la question « de qui est l'initiative du programme », 23 enquêtés sur les 44 soit 52,3 % pensent que le PRF est une initiation du CDQ. 34,1 % des enquêtés ont affirmé que c'est une initiation du village d'enfants SOS.

Tableau N° 14 : Répartition des enquêtés par rapport à la participation ou non au PRF

Réponse	Effectif	Pourcentage
Oui	27	61,4
Non	17	38,6
Total	44	100

Source : Données de l'enquête

Commentaire :

Sur le tableau ci-dessus, 27 enquêtés sur les 44 ont positivement accepté avoir participer à la mise sur pied du programme soit 61,4 % et 38,6 % ont négativement soutenu n'avoir pas participé à la mise sur pied du PRF.

Graphique N° 3 : Répartition des enquêtés par rapport à la participation aux réunion de sensibilisation du PRF

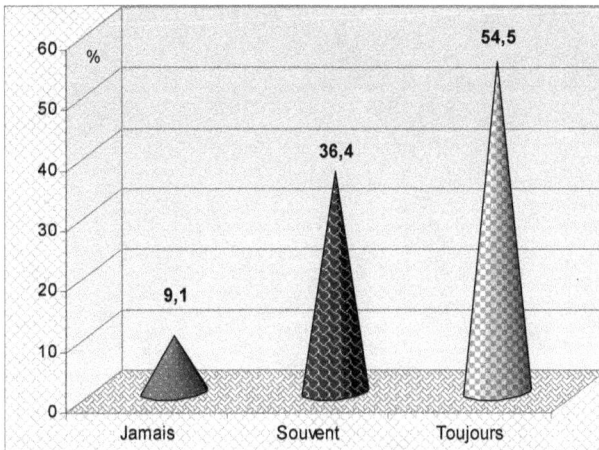

Source : Données de l'enquête

Commentaire :

Les réponses de ce graphique montrent que 54,5 % des enquêtés ont déclaré avoir toujours participé aux réunions de sensibilisation organisées par le programme. 16 sur les 44 soit 36,4 ont déclaré avoir souvent participé aux réunions de sensibilisation du PRF.

Tableau N° 15 : Répartition des enquêtés selon qu'ils sont autorisés à prendre la parole

Réponse	Effectif	Pourcentage
Jamais	2	4,6
Souvent	25	56,8
Toujours	17	38,6
Total	44	100

Source : Données de l'enquête

Commentaire :

Sur les 44 interrogés, 25 soit 56,8 ont dit être souvent autorisé à prendre la parole au cours des réunions que le PRF organise. 38,6 % ont toujours été autorisé à prendre la parole au cours des réunions et 2 n'ont jamais été autorisé soit un pourcentage de 4,6.

Graphique N° 4 : Répartition des enquêtés selon qu'ils sont associés aux prises de décisions

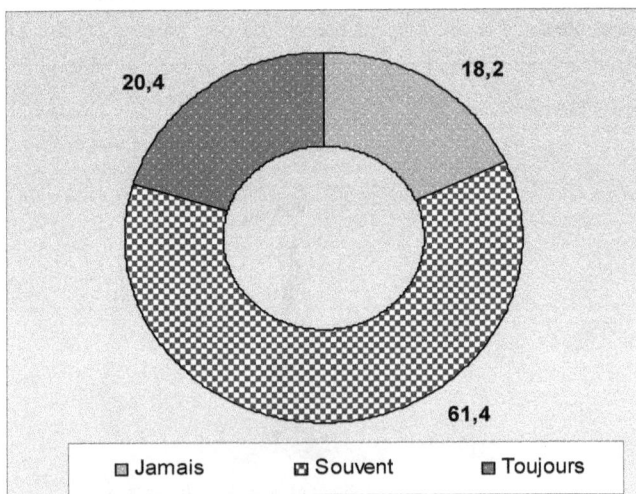

Source : Données de l'enquête

Commentaire :

Sur ce graphique, 61,4 % des enquêtés ont révélé qu'ils sont souvent associés à la prise de décision ; 20,4 sont toujours associés et 18,2 ne sont jamais associés.

Tableau N° 16 : Répartition des enquêtés par rapport à la prise en compte de leur point de vue

Réponse	Effectif	Pourcentage
Jamais	3	6,8
Souvent	33	75
Toujours	8	18,2
Total	44	100

Source : Données de l'enquête

Commentaire :

Les réponses du présent tableau montrent que le point de vue de 33 des enquêtés soit 75 % est souvent pris en compte sur le programme. 18,2 % des enquêté ont quant à eux affirmé que leur point de vue est toujours pris en compte et 3 des 44 pensent que leur point de vue n'est jamais pris en compte.

Graphique N° 5 : Répartition des enquêtés par rapport à la participation à l'organisation des activités du PRF

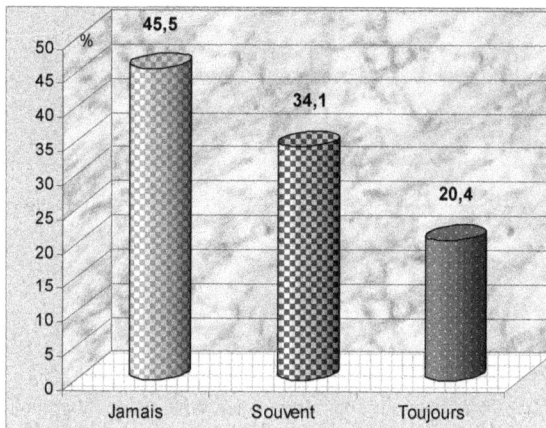

Source : Données de l'enquête

Commentaire :

Il ressort de ce tableau que 45,5% des responsables de familles n'ont jamais participé à l'organisation des activités du programme. 34,1 % participent souvent et 20,4 % ont toujours participé.

Tableau N° 17 : Répartition des enquêtés selon qu'ils ont ou non une idée sur les différentes étapes de mise sur pied du programme

Réponse	Effectif	Pourcentage
Oui	11	25
Non	33	75
Total	44	100

Source : Données de l'enquête

Commentaire :

Au regard de ce tableau, 25 % de nos répondants ont affirmé avoir une idée des différentes étapes de la mise sur pied du programme de renforcement de la famille et 75 % n'en ont aucune idée.

Tableau N° 18 : Répartition des enquêtés par rapport au niveau de participation à la définition des problèmes :

Réponse	Effectif	Pourcentage
Faible	2	5
Moyen	14	35
Fort	24	60
Total	40	100

Source : Données de l'enquête

Commentaire :

Au vue de ce tableau, 24 des enquêtés ont répondu avoir un niveau de participation fort soit un pourcentage de 60 ; 14 pensent que leur niveau de participation est moyen et pour 2 le niveau est faible.

Tableau N° 19 : Niveau de participation à l'identification des solutions aux problèmes :

Réponse	Effectif	Pourcentage
Faible	7	21,2
Moyen	6	18,2
Fort	20	60,6
Total	33	100

Source : Données de l'enquête

Commentaire :

L'analyse de ce tableau révèle que le niveau de participation à l'identification des solutions aux problèmes est fort pour 20 des enquêtés soit 60,6 % et moyen pour 6 et faible pour les 7 restants des 33.

Graphique N° 6 : Répartition des enquêtés par rapport au niveau de participation à la mise œuvre des solutions

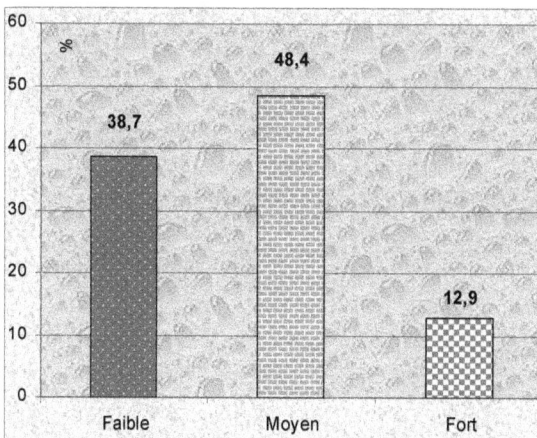

Source : Données de l'enquête

Commentaire :

A la lumière de ce graphique, il ressort que 48,4 % ont un niveau moyen de participation à la mise en œuvre des solutions recensées ; 38,7 % ont un faible niveau de participation et 12,9 % un niveau fort.

Graphique N° 7 : Répartition des enquêtés par rapport au niveau de participation à l'évaluation du PRF

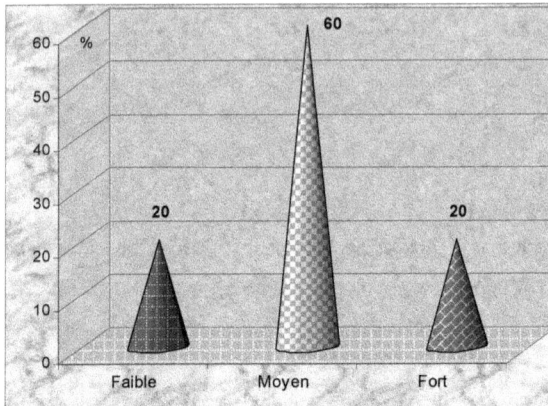

Source : Données de l'enquête

Commentaire :

En observant ce tableau on constate que 60 % des responsables de familles bénéficiaires ont un niveau moyen de participation à l'évaluation du programme. 20 % autres ont un niveau fort et faible pour les 20 % restants.

Tableau N° 20 : Répartition des enquêtés par rapport au rôle joué sur le PRF

Réponse	Effectif	Pourcentage
Animateur	4	9,1
Simple bénéficiaire	29	65,8
Volontaire	2	4,6
Président de groupe	2	4,6
Animateur et président de groupe	6	13,6
Animateur et simple bénéficiaire	1	2,3
Total	44	100

Source : Données de l'enquête

Commentaire :

Comme le montrent les résultats de ce tableau, la majorité des enquêtés ne sont que de simples bénéficiaires soit un pourcentage 65,8. 6 sont des animateurs et président du groupe. Alors que 4 sont uniquement des animateurs.

Graphique N° 8 : Répartition des enquêtés selon le nombre d'années fait sur le PRF

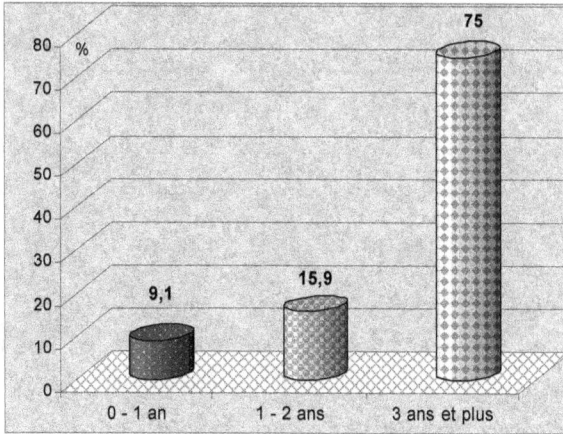

Source : Données de l'enquête

Commentaire :

Ce graphique fait observer que 75 % des familles bénéficiaires sont sur le programme de renforcement de la famille depuis plus de trois ans ; 15,2 % ont bénéficié des appuis du programme entre 1 et 2 ans et 9,1 % en ont bénéficié pour une durée qui va de 0 à 1 an.

Tableau N° 21 : Répartition des enquêtés par rapport à la capacité de se prendre en charge sans le PRF

Réponse	Effectif	Pourcentage
Oui	1	2,3
Non	43	97,7
Total	44	100

Source : Données de l'enquête

Commentaire :

A la question « Etes-vous prêts à vous prendre en charge sans le programme ? », sur 1 enquêtés sur le total a répondu favorable ; les 43 ont dit non soit 97,7 %.

Tableau N° 22 : Répartition des enquêtés selon qu'ils sont aptes à s'impliquer davantage pour la continuité de PRF

Réponse	Effectif	Pourcentage
Oui	38	86,4
Non	6	13,6
Total	44	100

Source : Données de l'enquête

Commentaire :

D'après les résultats du tableau ci-dessus, 38 soit 86,4 sont prêts à s'impliquer d'avantage pour la continuité du programme alors que 13,6 % ne sont peuvent pas. Ce qui démontre une volonté des bénéficiaires à participer au programme.

IV- DISCUSSIONS :

Le présent chapitre est consacré à l'interprétation des résultats statistiques obtenus et exposés dans le chapitre précédant ainsi qu'à l'analyse des hypothèses qui sous-tendent ce travail de recherche. Ce chapitre nous permettra de mettre les données quantitatives à profit sous une forme qualitative. Il sera subdivisé en deux grandes parties.

Dans un premier temps, nous aurons à partir de l'interprétation des données à effectuer un exposé des principaux éléments caractéristiques de la participation des populations bénéficiaires au programme de renforcement de la famille.

Ensuite nous passerons à l'analyse des hypothèses posées au départ afin de saisir dans quelle mesure ces hypothèses peuvent être confirmées ou infirmées.

Dans ce chapitre il sera rappelé brièvement chaque résultat important avec des renvois si nécessaires, des comparaisons seront faites, de même que des analyses, et nous allons confronté avec les résultats d'autres études ou auteurs en marquant les références. Aussi allons-nous donner notre point de vue personnelle sur les résultats.

Ainsi, pour permettre une compréhension claire et simple des résultats, cette interprétation est abordée par thèmes.

4.1- La perception et connaissance du village d'enfants SOS et le PRF :

Par rapport aux données de l'enquête, les populations bénéficiaires (100 %), du programme de renforcement de la famille ont tous entendus parler de SOS Village d'enfants. Cependant seuls 6,8 % ont eu cette information du village d'enfants elle-même démontrant ainsi un déficit de sensibilisation autour de la reconnaissance du programme à la population par SOS elle-même. (Confère le tableau N° 6 et 7) et c'est ce qui justifie la faiblesse et la non participation des populations au programme de renforcement de la famille car l'on ne peut s'impliquer dans ce que l'on ne maîtrise. Ceci étant, il y a lieu de faire un grand travail de fond dans le cadre de la sensibilisation autour du programme.

Par ailleurs, sur la question de la mission de l'institution SOS Village d'enfants, 72,7 % des bénéficiaires du programme connaissent réellement la mission de l'institution Village d'enfants SOS.

Par contre 36,4 % seulement pensent que le programme vient en aide aux familles pauvres et aux enfants. Ce qui traduit que mêmes les bénéficiaires du programme n'ont pas assez d'information sur ce que fait le programme. Or si les bénéficiaires n'ont pas une idée claire de la structure qui leur vient en aide, il leur sera difficile de s'impliquer même si l'objectif est d'améliorer leur condition de vie. Et comme nous l'avons dit plus haut nous notons ici un déficit de sensibilisation sur le PRF, quant à ses objectifs et ses missions.

C'est vrai qu'à l'instar de tous les projets de développement communautaire, le PRF recourt à la sensibilisation et à l'animation pour amener les populations bénéficiaires à s'impliquer dans l'élaboration et la mise en œuvre de ses projets. Et si par-dessus tout cela, les populations bénéficiaires méconnaissent les missions de l'institution SOS Village d'enfants en général et celles du PRF, il y a nécessité de faire un grand travail de fond par les responsables du programme dans le cadre de la sensibilisation.

Sur un autre plan, le niveau d'instruction de la population bénéficiaire est bas (34,1) seulement ont franchi le cap du collège et lycée. Il faut beaucoup de temps pour expliquer à ces populations les exigences du programme et le bien-fondé de ses actions à leur endroit et surtout en ce qui concerne leur participation. Avec un tel niveau, les bénéficiaires comprennent difficilement les actions menées et les missions du programme.

Aussi, la durée du programme (3-5 ans) ne permet pas une meilleure participation car c'est justement à partir de ce moment que les populations commencent à comprendre pourquoi ils doivent participer aux activités du programme et c'est également à ce moment qu'il faut accéder à l'autonomie.

La lenteur dans le traitement des dossiers (alimentation, santé et scolarité) et dans le décaissement des fonds constitue un facteur qui joue énormément de façon négative sur la participation des bénéficiaires au programme. Certains entretiens ont permis de comprendre que la démotivation pour une participation effective des populations bénéficiaires vient du fait que ces dernières, même après avoir difficilement donner leur contribution qui est évaluée à 75 % (Graphique N°1), la lenteur dans le décaissement des 25 % du programme décourage.

4.2- Degré de participation des familles au programme de renforcement de la famille :

En matière de développement local, il faut des initiations locales et une participation locale pour sa mise en œuvre et surtout sa réussite. Or, pour une bonne participation, il faut que les populations, outre leur bonne volonté citoyenne, soit suffisamment formée et informée. Malheureusement, les données recueillies sur le terrain, nous permettent de toucher du doigt la réalité de la participation de la population bénéficiaire au PRF.

Ainsi, selon les résultats des enquête du terrain, la population ne participe pas à la hauteur de ce qui est espéré des dirigeants du PRF. En effet dans la définition des problèmes les bénéficiaires ont un fort taux de participation (60 %) alors que dans la mise en œuvre, le degré de participation est plutôt moyen 48,4 (Tableau 19, Graphique 6 et 7).
De plus les informations recueillies auprès des populations ont révélé que le niveau bas des enquêtés est un facteur qui freine la compréhension de certaines réalités de développement local. De même, il est difficile de saisir le bien fondé du Programme de renforcement de la famille.
Notons également qu'il y a un manque d'informations sur les activités du PRF, ce qui justifie la faible implication des bénéficiaires au programme. Cette situation pose un réel problème général de la participation aux activités du développement de la communauté.

Pour toutes les entrevues successives avec les enfants d'une part, avec les décideurs, responsables du programme et d'autre part, avec les membres du CDQ de Tame, un seul point commun : les populations bénéficiaires ne font pas partie de la phase d'élaboration du programme. Elles n'ont pas été associées à la conception du programme qui fait l'objet de notre étude. Toute collaboration avec les populations commence une fois les bénéficiaires identifiés et recrutés sur le programme pas avant. Le vrai travail avec les populations ne se fait pas avant la mise en œuvre du programme. Ce type de participation déterministe n'implique pas les populations bénéficiaires aux principales phrases des projets de développement. Tout au plus, les intervenants associent les bénéficiaires à la phase d'exécution, les percevant comme une simple ayant droit. Cela a des conséquences sur l'aboutissement même du projet. Ce type de participation ne prend pas en compte le contexte socioculturel de la logique ou de la rationalité de la population locale dans la réalisation des projets. La question de faire participer les populations vient toujours trop tard, car au lieu de la situer en amont de l'opération, on la pose en aval quand les jeux sont déjà faits.

4.3- Participation et accession à l'autonomie vis-à-vis du PRF :

A la lumière de l'analyse des données recueillies sur le terrain, les bénéficiaires du PRF ne sont pas prêts à quitter le programme (97,7 %) même si certains des enquêtés ont déjà accédé à l'autonomie. Ils affirment avoir été surpris de la nouvelle de leur accession à l'autonomie (Tableau N° 21). Ceci démontre que les bénéficiaires n'ont pas été suffisamment préparés à accéder à l'autonomie et de surcroît leur situation de misère n'a pas beaucoup changé ; ils manquent toujours de moyens pour prendre en charge leurs enfants. Cet état de chose n'étonne pas car le niveau de la population togolaise est généralement faible. Cette situation ne favorise pas la participation des bénéficiaires. Pour les responsables du programme de renforcement de la famille, la participation est une des conditions pour faire partie des bénéficiaires du programme. Ceci dit tout bénéficiaire qui ne participe pas aux activités du programme est immédiatement exclu du programme de peur que cette non participation milite en faveur de la difficulté d'accession à l'autonomie de ces bénéficiaires. C'est ce que **Hamidou Benoît OUEDRAOGO** a voulu faire remarquer à travers son ouvrage, *L'appropriation des projets de développement. Le cas des Micro-réalisations au Burkina-faso*, Université de Québec à Rimouski (GRIDEQ), 1992. Il estime que la vraie mesure de réussite réside dans les changements durables et autonomes qui continueront de se produire auprès des populations cibles et de l'ensemble de la communauté après le départ des acteurs extérieurs. Ceci dit seule la participation peut garantir les changements durables et autonomes après le départ du PRF.

4.4- Approches méthodologiques du Programme de Renforcement de la Famille :

L'entretien avec les responsables du programme sur leurs approches méthodologiques ont révélé l'existence et l'usage des approches de développement communautaire (ADC) basées sur un programme de développement communautaire (PDC) qui vont de la sensibilisation communautaire, le partenariat, les appuis, les formations, les supervisions et évaluations.
A chaque niveau des activités précises sont organisées pour atteindre des résultats précis.

40

Ces approches sont utilisées pour accompagner les familles bénéficiaires afin d'améliorer leurs conditions de vie. Ainsi après l'identification des familles bénéficiaires, les besoins et les priorités de chaque famille sont recueillis à travers un processus bien structuré pour le développement de la famille (Plan de développement de la famille : PDF). C'est un outil utilisé pour responsabiliser et engager la famille pour son propre développement. Ce processus de planification de développement de la famille aide les responsables du programme et les partenaires à soutenir les familles et à coordonner leurs efforts dans le but de les mener vers l'autonomie.

Les étapes de ce processus passent par :

1. Identification des bénéficiaires où sur la base des critères bien définis et en consultation avec la communauté, les familles bénéficiaires prioritaires sont sélectionnées.

2. Evaluation initiale : A ce niveau deux activités principales sont menées. D'abord on vérifie que les bénéficiaires font bien partie du groupe cible et remplissent les critères de vulnérabilité établis et ensuite une liste des besoins des familles est faite dans les domaines clés devant les mener vers leur indépendance après le programme.

3. Formulation du plan de développement de la famille.

4. Evaluation à mi-parcours du PDF après six mois.

5. Evaluation annuelle.

6. Sortie du programme après trois ou cinq ans. A ce niveau, les familles sont censées quitter le programme si elles :

   - ont atteint leur indépendance

   - Choisissent d'arrêter le programme avant la fin de la prise en charge

   - n'ont pas été à même de remplir leurs engagements envers le programme, c'est-à-dire si elles ne contribuent pas

   - ont refusé de participer aux activités du programme.

Si avec toutes ces stratégies, il se pose toujours le problème d'autonomisation aux familles, c'est dire qu'après bientôt six ans, le PRF doit réviser son mode d'intervention en vue de répondre aux exigences liées aux critères de l'efficience, de l'efficacité et de durabilité des actions.

4.5- Limites et contraintes de l'approche participation du Programme de Renforcement de la Famille :

La participation des bénéficiaires dans les projets et programmes s'est imposée à nos pays avec l'échec des anciens projets des années des indépendances jusqu'au discours de la baule tenu les 19, 20 et 21 juin 1990 où les bailleurs à travers l'intervention du président français prônait la démocratie dans tous les pays.

A partir de cette date historique jusqu'à aujourd'hui l'approche participative est devenue la principale conditionnalité dans tout financement extérieur. Mais sur le terrain des contraintes objectives limitent l'efficacité de cette participation. Le Programme de renforcement de la Famille souffre des mêmes obstacles au nombre desquels on note :

4.5.1-Les faiblesses méthodologiques :

L'introduction de la participation dans la planification présente parfois d'importants points faibles.

Cela s'explique d'une part par le fait qu'on aboutit souvent après diagnostic à des masses de données ne traduisant que les besoins immédiats de la situation présente ayant l'aspect de revendications stéréotypées et d'autre part par le fait que le diagnostic qui se résume en une liste de recensement de problèmes entraînent souvent des lenteurs et des blocages à cause des intérêts parfois divergents des différentes populations bénéficiaires.

Pour expliquer ce fait, MEISTER (1973) cité par HAMMANI (1997) pense que « les limites de la participation peuvent être sous forme de difficultés sociales car elle implique des changements d'une démarche très lente et des blocages dus à des intérêts de groupes sociaux ». En plus des difficultés sociales, MEISTER pense que la participation présente également des difficultés d'ordre structurel et économique.

Il faut également souligner que l'utilisation des approches participatives nécessite une grande compétence et de l'expérience surtout qu'une mauvaise utilisation peut entraîner, par inadvertance, un obstacle à la communication.

ALLISTER (1999) justifie nos propos en affirmant que « Les approches participatives peuvent causer de façon non intentionnelle des préjudices à la communauté ».

4.5.2-Les faiblesses liées au coût :

En plus des problèmes Méthodologiques que connaît la participation, il faut ajouter les problèmes de coût que l'on peut étudier comme suit :

➤ **Le coût en temps :** CLAYTON et al. (1996) affirme que les approches participatives exigent plus de temps que les autres méthodes conventionnelles, aussi bien pour les populations cibles que pour les bailleurs de fonds.

➤ **Le coût financier :** Comme le coût de temps qu'elles engendrent, les méthodes participatives peuvent engendrer des coûts financiers plus importants pour les bailleurs et pour le bénéficiaires, en particulier ceux qui sont les plus démunis comme les femmes.
Ce coût financier élevé s'explique par les différentes formations à tous les niveaux qu'exige la participation. Cette formation peut aller des agents de développement aux populations bénéficiaires sans oublier les femmes ou certains groupes socioprofessionnels ciblés.

Par ailleurs les approches participatives, quant à elles, - en particulier lorsqu'elles ont un caractère expérimental - entraînent un rythme de progression plus lent des projets, ce qui se traduit nécessairement par un coût. Celui-ci doit cependant être rapproché du coût que représente le défaut de pérennité des projets non participatifs. Enfin, la durée nécessairement limitée des missions de préparation des projets sur le terrain rend difficile la participation des populations au stade de la conception. D'où l'intérêt de promouvoir des conceptions de projets qui soient à la fois souples dans leurs contenus et précises dans leurs démarches.

L'expérience confirme l'importance d'une autre contrainte, celle-ci parfaitement bien identifiée par les concepteurs de projets : celle de la formation des ressources humaines dans un contexte où la population est obligée d'investir de nouveaux domaines d'activité pour lesquels elle ne dispose traditionnellement d'aucune expérience.

4.5.3- Obstacles liés aux bénéficiaires :

En ce qui concerne l'implication des bénéficiaires, on note également de nombreuses contraintes.

• Ainsi, la majorité des populations participant aux projets est analphabète (34,6%) et leurs compétences dans les domaines de la gestion ou de l'organisation des groupements sont encore limitées. Cette capacité insuffisante est aggravée par la faible formation des personnels chargés de les appuyer en ces matières. Ces faiblesses s'étendent aux formes d'organisation. L'état d'analphabétisme limite la portée des formations à l'intention des

43

bénéficiaires du programme de renforcement de la famille. Il contraint les bénéficiaires à avoir recours à des personnes tierces, surtout en ce qui concerne la rédaction des demandes. Ceci pose deux problèmes majeurs : l'influence de cette tierce personne sur les bénéficiaires et le détournement d'un objectif initialement fixé par le bénéficiaire.

- L'attentisme des populations ne favorise pas leur implication ; elles résistent aux changements par les difficultés de se départir des anciennes mentalités qui sont pratiquement devenues une seconde nature.

- Le cofinancement des activités pose problème et ceci est dû généralement à la pauvreté des populations bénéficiaires. Dans l'enquête, nous avons constaté que l'exigence de contribution demandée aux bénéficiaires est très difficile à respecter en raison de l'état de pauvreté des populations.

- La mauvaise gouvernance, c'est-à-dire l'absence de transparence, la gestion solitaire participe aussi aux difficultés d'implication des populations aux projets.

- La corruption dans la mise en œuvre des activités est également la cause de la non participation des populations.

Voici un ensemble de difficultés qui en fait limitent l'application réelle de l'approche participative.

V- LES SUGGESTIONS :

Les suggestions sont formulées à l'endroit des structures d'intervention (ONG), des responsables du programme et des bénéficiaires.

5.1- A l'endroit des structures d'intervention et des partenaires en général

Pour un développement harmonieux humain et durable des communautés que les structures ont pris l'engagement d'accompagner, il faut s'inspirer des leçons des autres projets en considérant tous les facteurs de réussite et d'échec.

Ainsi, quel que soit l'intervenant en matière de développement à la base, l'étude du milieu est très importante. Un minimum d'étude sociologique du milieu doit être fait avant toute intervention communautaire. En effet, beaucoup de projets ont connu des échecs parce qu'il n'y a pas eu d'études préalables avant leur implantation. Ces études permettent une connaissance approfondie du milieu d'intervention, des atouts dont dispose la communauté, des problèmes et attentes ou des solutions envisagées pour la résolution des problèmes. Elles débouchent sur un diagnostic participatif (DP) qui donne une photographie de la communauté.

Le diagnostic participatif permet à toutes les couches sociales ou toutes les tranches d'âge (hommes, femmes, vieux, adultes, jeunes, enfants…) de pouvoir exprimer leurs besoins et ensemble, avec l'intervenant, des solutions sont envisagées. Ce DP débouche parfois sur un Plan d'Action Communautaire (PAC), facilitant ainsi l'intervention des partenaires lorsqu'il s'agira de sélectionner les besoins prioritaires. L'étude sociologique du milieu permet de déceler les logiques des populations, les mésententes éventuelles et d'autres obstacles qui peuvent entraver la mise en œuvre des projets.

Les structures d'intervention doivent savoir que le terrain des communautés n'est pas vierge et il faudrait user du tact pour leur apporter des changements par rapport à leurs anciennes pratiques. Dans leur intervention, les partenaires devront se départir des préjugés sur les communautés. Le développement à la base étant un processus dynamique impliquant tous les acteurs, aucune partie ne doit être occultée ou négligée au cours de l'accompagnement. Il est également recommandé de la patience. Ne rien faire dans la précipitation.

5.2-. A l'endroit du Programme de Renforcement de la famille :

- Le Programme de Renforcement de la famille doit, avant toute intervention, aider les populations à mettre en place des structures locales (CDQ, Commissions spécialisées…) viables à la suite d'un diagnostic participatif lorsqu'il n'y a pas de structures, ou bien les appuyer à faire un diagnostic organisationnel (DO) pour les structure qui existent déjà pour plus d'efficacité dans la mise en œuvre du projet.

- Mettre les bénéficiaires au centre du développement, les associer plus à toutes les phases de réalisation du programme, c'est-à-dire de la conception du projet à sa gestion après projet, en passant par son instruction, sa réalisation et son suivi-évaluation.

- Revoir la durée des programmes (5 ans au moins) pour que la sensibilisation et animation seules puissent prendre au moins deux (2) ans afin qu'il y ait un véritable travail de fond. Ceci permettra aux volontaires d'appui-accompagnement de passer plusieurs fois dans la communauté pour mobiliser les populations ;

- Alléger les procédures administratives, notamment dans le remboursement des frais médicaux, le paiement des frais de scolarité et la distribution des vivres.

- Organiser une vaste campagne de sensibilisation des communautés d'intervention du PRF sur la mission, la vision et les principes dans les langues locales ou langues du milieu.

- Réviser les domaines d'intervention du PRF conformément aux aspirations profondes des bénéficiaires.

- Impliquer davantage les autorités administratives, politiques et techniques locales dans toutes les étapes du programme

5.3. A l'endroit des familles bénéficiaires du PRF :

- Etre motivés et réceptifs aux innovations et/ou aux changements : ceci pourrait se faire par la double méthode d'information, d'éducation et de communication (IEC) ainsi que celle de communication pour un changement de comportement (CCC) ;
- Se départir des pratiques traditionnelles désuètes et faire évoluer les coutumes porteuses d'avenir pour les populations locales ;
- Savoir n'être pas trop pressés mais patients, positifs et optimistes ;

46

VI- LES LIMITES DE NOTRE RECHERCHE :

Nous ne pouvons pas affirmer avec certitude avoir complètement exploré le sujet. La complexité de la société, les limites des techniques de recherche et les diverses difficultés que nous avons rencontrées au cours du travail ont sûrement rétréci notre volonté de mieux faire. Tout autre chercheur voulant entamer une recherche sur la faiblesse ou l'inexistence de la participation des populations bénéficiaires dans le programme de renforcement de la famille pourrait s'inspirer de notre présent travail pour approfondir son étude.

La société, selon Marcel MAUSS, « est un tout » et pour la connaître, il faudrait l'étudier dans sa globalité. L'implication et la participation étant un des aspects du développement social, nous n'avons pas étudié tous les autres. D'autres auteurs pourraient continuer plus largement sur le thème pour le situer dans le « tout ».

En ce qui concerne les techniques d'échantillonnage et d'enquête, elles ne manquent pas d'inconvénients. En effet, le questionnaire a été le principal moyen pour la collecte des informations de terrain. L'échantillon de l'étude comporte plus de 29,5 % de non-instruits. L'utilisation du questionnaire écrit en Français n'est pas facile. Nous avons passé plus de temps que prévu, car il fallait traduire par moment les questions en Ewe ou en Mina avec parfois des biais, car nous avons évidemment passé par une administration du questionnaire indirecte, posant nous-mêmes les questions et transcrivant les réponses.

Par ailleurs certains de nos enquêtés nous connaissant être un collaborateur du Village d'enfants SOS et donc son envoyé venu pour évaluer le programme en vue d'une quelconque intervention. La conséquence qui est découlée est que ceux qui nous considèrent ainsi, nous exposaient leurs problèmes que de répondre à nos questions.

Malgré tout nous avons pu mettre les cours de méthodologie de recherche pour pouvoir surmonter les difficultés et pouvoir recueillir les informations.

Les autres difficultés de terrain rencontrées çà et là, ajoutées aux techniques d'échantillonnage et d'enquête et à la complexité de la société ont certainement agi sur les résultats, voilà pourquoi, une fois encore nous demanderions à ceux qui voudraient aborder ce terrain d'être très attentifs et plus circonspects.

VII- CONCLUSION :

En choisissant notre thème, nous avons voulu réfléchir sur les raisons profondes de la non évolution de l'esprit de participation chez les populations en général et celles bénéficiaires du PRF en particulier.

Au terme de notre étude, nous estimons avoir apporté quelques réponses aux multiples questions que les uns et les autres se posent lorsqu'ils sont sur le terrain du développement communautaire.

En effet, nombreux sont des auteurs ou chercheurs en développement qui reconnaissent l'échec du développement lorsqu'il est basé purement sur la croissance à dominante économique forte du pays ou lorsqu'il est insufflé d'en haut. Il est actuellement admis que seuls les projets où l'approche participative est appliquée peuvent réellement aboutir au développement durable lorsque aucun des acteurs n'est occulté ou négligé.

De l'étude, il ressort que l'intérêt de la méthode participative est la garantie de la prise en compte des besoins réels de populations, mais que les stratégies utilisées par l'Etat et les partenaires en développement dans nos communautés ne sont pas celles nécessairement souhaitées par les populations à développer. Ce qui est en grande partie à l'origine de la faible ou du refus de participation des populations bénéficiaires aux projets de développement.

L'approche participative dans les communautés locales doit se bases sur la sensibilisation et l'animation pour expliquer aux populations les raisons et les méthodes de la nouvelle donne en vue d'enclencher un développement local. Cet aspect a été insuffisant au PRF, car pour nous le personnel en charge des populations bénéficiaires est trop réduit.

L'absence d'organisation à base communautaire dans certaines localités n'a pas favorisé la participation au programme.
La participation des bénéficiaires demande une analyse poussée que ce qui est fait pour l'instant par le PRF.

Nous achevons ce travail avec MULLER cité par AJJANI (2003) qui précise que : « Le seul moyen de réussir une politique, c'est d'en confier la réalisation à ceux qui ont intérêt qu'elle réussisse ».

BIBLIOGRAPHIE

I. Ouvrages généraux :

1. Inades-Formation Togo, Comprendre la décentralisation, Lomé, 2006 ;
2. DPP, Enjeux, Population & développement, n° 15 juillet 2005 ; Livre
3. **PRF.** (2006), Cadre d'action : Qu'entend-on par renforcement de la famille ? Manuel pour l'organisation SOS Village d'Enfants, Togo ;
4. **SOS-Kinderdorf.** (2004), Manuel pour l'organisation SOS Village d'Enfants, Togo ;

II. Rapports, revues et ouvrages spécifiques :

1. Guy **BELLONCLE** *Participation paysanne et aménagements hydro-agricoles*, Ed. *Karthala, Paris, 1985 ;*
2. **Albert MEISTER,** *La participation pour le développement, Ed. Ouvrières, Paris, 1977* ;
3. **Alfred MONDJANAGNI,** *La participation populaire au développement en Afrique noire, Karthala, Paris, 1884 ;*
4. **Hamidou Benoît OUEDRAOGO,** *L'appropriation des projets de développement. Le cas des Micro-réalisations au Burkina-faso,* Université de Québec à Rimouski (GRIDEQ), 1992 ;
5. **Yves Emmanuel DOGBE,** 1983 – *« Lettre ouverte aux pauvres d'Afrique »* suivi de *« Participation populaire et développement »* Editions Akpagnon, Paris ;
6. **Guèye Bara and Karen Schoonmaker Freudenberger.** 1991. *Méthode accélérée de recherche participative.* IIED, London.
7. **Guéye, Bara et al.** 1997. *Développement participatif de technologie. Renforcer le dialogue et la collaboration entre chercheurs et paysans.* Rapport de l'atelier de formation sur le DPT appliqué à la conservation des eaux et du sol.
8. **Guèye Bara** , Où va la participation, Expérience l'Afrique de l'Ouest Francophone, 1999.

49

III. Mémoires :

1. **KONDOH, Kandalé**, Entraves à la participation des femmes togolaises au processus de développement en milieu rural : Cas du canton d'Amlamé (P/Amou), UL, 2003 ;

2. **GNAKOUAFRE, Koffi**, Analyse sociologique des causes de la résistance des communautés villageoises aux projets de développement rural : cas du projet FED, Mémoire de Maîtrise, 2004 ;

3. **KADJA Abalodjam**, Problématique du développement local au Togo : Bilan et perspectives ; Mémoire de 3ème Cycle, ENA, Lomé, 1998.

4. **ALEZA Sohou,** Effort de participation de la population aux projets de développement en milieu rural : cas du village d'Afohou dans le canton de Sanda, P/Bassar, UL, juillet 1992.

IV. Ouvrages de méthodologie :

1- **DURKHEIM** E. (1937), Les règles de la méthode sociologique, éd. PUF, 22è éd. 1986, Paris

2- **FRANGERE** A. (1988), Comment réussir un mémoire ? Bordas, Paris.

3- **GAUTHIER** H. (1994), Recherche sociale ; de la problématique à la collecte des données, Presse de l'Université, Québec.

4- **HIGLIONE** R. et **MATALON** B. (1998), Les enquêtes sociologiques : Théories et pratiques, Armand Colin, 6è éd.2002, Paris

5- **GRAWITZ** M. (1986), Méthodes des Sciences Sociales, Paris Dalloz.

6- **JAVEAU** C. (1982), L'enquête par questionnaire- Manuel à l'usage du praticien, Institut de Sociologie, éd. De l'Université de Bruxelles, Bruxelles.

7- **MUCCHIELLI** R. (1979), Le questionnaire dans l'enquête psychosociale, 6è éd, Paris.

8- **ROUVEYRAN** J-C. (1999), Le guide de la thèse, le guide du mémoire ; du projet à la soutenance. Nouvelle éd. Maisonneuve et La Rose, Paris.

9- **Maurice DUVERGER**, Méthodes des sciences sociales Paris, P.U.F., 1961,

10- **R. GHIGLIONE et B. MATALON**, Les enquêtes sociologiques. Théories et Pratiques, Armand Colin, Paris, 1982 p 29.

V. Webographie :

1. ASSOGBA Y. (2005), Sortir l'Afrique du gouffre de l'histoire. Le défi éthique du développement et de la renaissance de l'Afrique Noire. Conférence de GERSA, www.fss.ulaval.ca/gersa/conférences.2005

2. Chauveau J.P. et Lavigne Delville Ph., 1998, "Communiquer dans l'affrontement : la participation cachée dans les projets participatifs ciblés sur les groupes ruraux défavorisés" in Deler et al, dir. ONG et développement : du nord aux sud, Paris, Karthala, pp. 193-214. www.mpl.ird.fr/ur095/equipe/**chauveau**.htm

3. Maïzi, P., 1999, « Participation et exclusion dans un projet de développement en Guinée », Working Papers on African Studies, N° 37, Institut fuer Ethnologie und Afrikastudien, Univ. Mainz : 15 pages. www.gret.org/ressource/pdf/methodo2.pdf

RESUME :

Le présent travail consiste à étudier et à évaluer la participation des populations locales aux projets de SOS Village d'Enfants en général et surtout celle du Programme de Renforcement de la Famille en particulier. Cette démarche s'inscrit dans l'objectif global de contribuer à l'amélioration de la qualité des interventions de SOS Village d'Enfants et surtout du Programme de renforcement de la Famille (PRF)

Pour cela notre méthodologie s'est organisée en deux phases. Une première phase qui consiste en une recherche puis en une synthèse bibliographique approfondie et orientée vers des démarches participatives existantes et spécifiques chacune, à des organismes internationaux oeuvrant dans le domaine du développement. Cette phase a pour objectif de recenser et de mettre à profit les recherches dans le domaine de la participation des populations locales aux projets.

La deuxième phase du présent travail a consisté en des enquêtes sur le terrain auprès des bénéficiaires du programme. L'objectif de cette démarche est de mesurer le degré de participation des familles bénéficiaires du programme et d'évaluer les méthodes d'intervention du programme d'une part, et d'autres parts de cerner concrètement les contraintes qui entravant la participation des bénéficiaires au programme et quelles sont les conséquences de la faible participation des populations sur l'accès à leur autonomie des bénéficiaires.

Le choix de cette étude s'explique d'une part, la faiblesse de participation au programme de renforcement de la famille et d'autre part, par le fait que les résultats escomptés des interventions menées jusqu'à là, ne sont pas souvent atteints de façon satisfaisante, en dépit des méthodes d'intervention du PRF.

Cette étude ne s'inscrit pas en remède contre les diverses formes de malaises dont souffrent le PRF. Elle désire plutôt contribuer tant bien que modestement, à inculquer aux organisations d'appuis à la population, la culture du résultat et de gestion participative des projets de développement en général et ceux d'appuis aux famille de SOS Village d'Enfants en particulier.

Mots clés :

Participation-Programme-Evaluation-Population locale-Bénéficiaires-Autonomie.

ABSTRACT

The present work consists in examining and evaluating local population's participation in SOS children's village projects in general and particularly in the Family Reinforcement Program. This is in keeping with the main objective which is to help improve the quality of SOS children's village actions and particularly the Family Reinforcement Program (PRF).

So, our methodology has two stages. The first which consists in making investigations and then a thorough bibliographical research summary: geared towards existing participative steps each specific to international organizations working in the field of development. The objectives of this are to make and inventory and turn to account investigations made in the field of local populations' participation in projects

The second stage of this work consisted in making field survey inquiries with the program beneficiaries. The objective of this is to measure the participation degree of the beneficiary families of the program and assess the method of action of the program on the one hand and on the other hand to identify practically the constants limiting factories in the program and what is the impact outcome of the participation of the populations on the autonomy access.

We have chosen this study because of the long participation in the family reinforcement program on the hand and on the other because of the fact that until then expected results of led actions are not often achieved satisfactorily in spite of the PRF action methods.

This study is not a remedy of the various troubles from which the PRF suffers. It rather wants to contribute somehow modestly to instill in organizations which support the population the culture of results and the participative management of development projects in general and particularly in organizations which support SOS Children Village families.

Key words:
Participation-programme-evaluation-local-population-beneficiaries-autonomy.

ANNEXES

SONDAGE D'OPINION SUR LA PARTICIPATION DES POPULATIONS LOCALES AU PROGRAMME DE RENFORCEMENT DE LA FAMILLE DU VILLAGE D'ENFANTS SOS

Questionnaire d'enquête :

Les renseignements contenus dans ce questionnaire sont confidentiels. Ils sont couverts par le secret statistique et ne peuvent être publiés que sous forme anonyme. Et puis ils nous sont utiles pour évaluer le Programme de renforcement de la Famille du village d'enfants SOS de Lomé. Grand merci de bien vouloir répondre franchement à nos questions

N° d'ordre	Questions et Filtres	Modalités et Code	Passer à
	Section I : Identification de l'enquêté		
Q101	Sexe	Masculin............1 Féminin.............2	
Q102	Age	15-30.................1 31-60.................2 61 et plus............3 Ne sait pas..........4	
Q103	Niveau d'instruction	Sans instruction......1 Primaire.............2 Collège................3 Lycée...................4	
Q104	Quelle est votre activité principale et secondaire ?	Ménagère............1 Commerçant..........2 Employé...............3 Sans emploi..........4 Autres (A préciser)......5	
Q105	Quelle est votre situation familiale ?	Célibataire.............1 Marié...................2 Veuf (ve)...............3 Divorcé................4	

		Section II : Connaissance et Perception du Village d'enfants SOS		
Q201	Avez-vous déjà entendu parler du village d'enfants SOS ?	Oui.....................1 Non.....................2	
Q202	Par qui avez-vous eu l'information ?	Ami............................1 Membre de famille..........2 CDQ..........................3 Au cours d'une réunion organisée par le Village d'enfants SOS.........................4 Radio/Télévision............5	
Q203	Que fait cette institution ?	Prise en charge des jeunes.........................1 Prise en charge des OEV.........................2	
Q204	Que savez-vous du programme de renforcement de la famille ?	Appui aux familles pauvres...................1 Appui aux enfants.......2 Aide aux femmes........3	
Q205	Connaissez-vous les domaines d'intervention du programme ?	Oui.....................1 Non.....................2	Si non Q 207
Q206	Quels sont les domaines d'intervention du Programme ?	Education..............1 Santé..................2 Alimentation..........3 Logement.............4	
Q207	Avez-vous déjà bénéficié d'un appui de ce programme ?	Oui.....................1 Non.....................2	
		Section III : Contribution à la prise en charge des enfants		
Q301	Combien d'enfants avez-vous à charge ?	0-2......................1 1-4......................2 4 et plus.................3	
Q302	Combien sont pris en charge par le programme ?	1 sur 2..................1 2 sur 4..................2 Tous....................3	
Q303	Sur quel plan sont-ils pris en charge ?	Scolarité..............1 Alimentation..........2 Santé..................3 Logement.............4	
Q304	Contribuez-vous aussi à la prise en charge de vos enfants ?	Oui.....................1 Non.....................2	Sinon Q401
Q305	A quel pourcentage contribuez-vous à cette prise en charge ?	20%.....................1 30-40%.................2 50-60%.................3	

	Section IV : Degré de participation des bénéficiaires au PRF		
Q401	Qui a initié le programme de renforcement de famille?	SOS Village d'enfants ....1 CDQ ....2 Gouvernement.........3 Vous-même............4 Autres à préciser........5	
Q402	Avez-vous pris part personnellement aux réunions de mise sur pied du programme ?	Oui......................1 Non......................2	
Q403	Participez-vous aux réunions de sensibilisation sur le programme ?	Jamais...................1 Souvent.................2 Toujours................3	
Q404	Etes-vous autorisé à prendre la parole au cours de vos réunions ?	Jamais...................1 Souvent.................2 Toujours................3	
Q405	Etes-vous associé à la prise de décisions ?	Jamais...................1 Souvent.................2 Toujours................3	
Q406	Votre point de vue est-il pris en compte dans les décisions ?	Jamais...................1 Souvent.................2 Toujours.............3	
Q407	Participez-vous à l'organisation des activités du programme ?	Jamais...................1 Souvent.................2 Toujours................3	
Q408	Etes-vous satisfait du programme ?	Très satisfait...........1 Satisfait.................2 Pas satisfait............3	
Q409	Avez-vous une idée sur les différentes étapes de la mise sur pied du PRF ?	Oui......................1 Non...................2	
Q410	Quelles sont étapes ? Citer les étapes (4)	Etat des problèmes........1 Identification des solutions...................2 Mise en œuvre des solutions...................3 Evaluation des actions....................4	
Q411	Participez-vous à la définition de vos problèmes ?	Oui......................1 Non......................2	Sinon Q413
Q412	Quel est votre niveau de participation à l'identification des problèmes ?	Faible.................1 Moyen.................2 Fort...................3	
Q413	Avez-vous participé à l'identification des solutions aux problèmes récences ?	Oui......................1 Non......................2	Sinon Q415
Q414	Quel est votre niveau de participation à l'identification des solutions aux problèmes recensés ?	Faible.................1 Moyen.................2 Fort...................3	
Q415	Avez-vous participé à la mise en œuvre des solutions ?	Oui......................1 Non......................2	Sinon Q417

Q416	Quel est votre niveau de participation à la mise œuvre des solutions?	Faible...................1 Moyen.................2 Fort.....................3	
Q417	Participez-vous à l'évaluation du PRF ?	Oui ....1 Non......................2	Sinon Q19
Q418	Quel est votre niveau de participation à l'évaluation du programme?	Faible...................1 Moyen.................2 Fort.....................3	

Section V : Populations locales et accession à l'autonomie vis à vis du PRF			
Q419	Quel rôle jouez-vous dans l'exécution du programme ?	Animateur...............1 Simple bénéficiaire.....2 Volontaire..............3 Président de groupe.....4	
Q420	Combien d'année êtes-vous pris en charge par le PRF	0-1......................1 1-2......................2 3 ans et plus..........3	
Q421	Etes-vous prêt à vous prendre en charge sans le PRF	Oui......................1 Non....................2	
Q422	Etes-vous prêt à vous impliquer davantage dans la lutte pour l'amélioration des conditions de vie de votre famille ?	Oui......................1 Non.....................2	
Q423	A quoi est due cette inaptitude à vous prendre en charge ?	Manque de moyens.....1 Autres à préciser......2	
Q424	Que reprochez-vous au programme ?	Trop d'imposition..........1 Décider à notre place....................2	
Q425	Dans quelles conditions souhaiteriez mieux participer au programme ?	Toujours demander notre avis.......................1 Toujours nous impliquer.................2	

Proposition et suggestions :

Quelles propositions et suggestions feriez-vous pour la continuité du programme ?

....
....
....
....

Je vous remercie ! ! !

Guide d'entretien avec les responsables du programme, les membres du CDQ et autres partenaires du programme :

1. Quelle approche de travail utilisez-vous dans votre programme pour l'amélioration des conditions de vie des familles ?

2. Comment l'appliquez-vous ?

3. Pensez-vous qu'elle soit efficace ?

4. Quelle appréciation donnez-vous à la participation des populations locales au programme ?

   - Les familles bénéficiaires participent-elles aux réunions organisées par le programme ?
   - Participent-elles aux séances de formation et de sensibilisation ?
   - Si oui, quel est le degré d'implication des familles bénéficiaires ?

5. Quels sont les obstacles à l'implication des familles bénéficiaires ?

6. Le CDQ a-t-il participé à l'identification, à la conception et à la réalisation du programme de renforcement de la famille ?

7. Pensez-vous la participation des populations au programme garantit-elle l'accès à l'autonomie des familles bénéficiaires du programme ?

Nom du tuteur: _____   **Date d':** _____

Clefs pour l'autonomie de la famille	Objectifs de la famille *(avec étapes)*	Contribution du bénéficiaire	Contribution du Programme	
			Quoi?	Pour combien de temps?
1. Accès aux services essentiels pour le ou les enfants				

a) **Besoins essentiels de survie**
Alimentation/nutrition

Conditions de vie

Santé

b) *Garde d'enfant et*
éducation

Clefs pour l'autonomie de la famille	Objectifs de la famille *(avec étapes)*	Contribution du bénéficiaire	Contribution du Programme	
			Quoi?	Pour combien de temps?
c) Support psychosocial				
d) Documents d'identité *(Certificats de naissance)* *Identité du tuteur* *Certificats de décès (si applicable)*				

2. Capacité du tuteur de prendre en charge l'enfant

a) *Connaissances et compétences*

b) *Les besoins de la personne en charge de l'enfant en matière de santé*			
c) *Planification pour la prise en charge de l'enfant sur le long terme*			

Clefs pour l'autonomie de la famille	Objectifs de la famille *(avec étapes)*	Contribution du bénéficiaire	Contribution du Programme	
			Quoi?	Pour combien de temps?
3. Ressources familiales suffisantes				
a) besoins financiers et matériels				
Source de ressources stable				
Capacité de gérer les ressources				
b) Assistance juridique				
Héritage et droits de propriété				

Objectif global de retraite du programme: _____

(dd/mm/aaaa)

Préparé par: _____

Signature du tuteur: _____